I

La grossa e complicata radiosveglia è quella classica di tutti gli alberghi americani; mentre la fisso confuso, trovo il tempo di pensare che è un oggetto ormai fuori moda nell'epoca dei computer e dei telefonini. Il display però è digitale e luminosissimo, le tante bacchette fluorescenti compongono le quattro cifre che ho chiesto la sera prima: 4.55.

Cinque minuti dopo, mentre indugio sotto le coperte, le sveglie di tutte le altre camere dell'albergo cominciano a suonare all'unisono. Per sicurezza probabilmente la direzione sveglierà anche qualche anziana coppia dell'Iowa o del South Carolina, venuta in città a ricordare il viaggio di nozze di cinquant'anni prima. Sono a New York, Hotel Parker Le Meridien, 57ª Strada, meno di un chilometro dal parco. È lo stesso dove avevo alloggiato sette anni fa, ai tempi della mia prima maratona.

Ho lasciato le tende aperte sperando che a svegliarmi fosse qualcosa di meno elettronico, ma fuori è ancora buio, nonostante gli uffici del palazzo di fronte abbiano come sempre quasi tutti le luci accese. L'orario della sveglia l'ho calcolato a ritroso: la gara parte alle 9.40 (sono nella prima *wave*), alle 7.30 chiudono (dicono) i cancelli di Fort Wadsworth, i bus dell'organizzazione partono alle 6 dallo Sheraton qui dietro, devo fare un minimo di colazione e soprattutto andare in bagno, quindi le 5. Non si scappa.

Ogni volta, la notte prima di una maratona, mi sento come Marco Tardelli ai Mondiali dell'82: non chiudo occhio per l'agitazione, più legata in realtà alle complicazioni del prima che alla fatica del durante. Così, quando finalmente è ora di alzarmi, sono appena caduto nel sonno più profondo.

II

Tutto mi sarei aspettato dalla vita tranne che fare di "quello che parla alla radio" una professione. Non che conosca qualcuno che a sei anni sperasse di fare il pompiere e poi lo sia diventato davvero o che, crescendo, abbia mantenuto la stessa, inevitabile simpatia infantile che abbiamo avuto tutti per trenini e scavatori. Quand'ero bambino, ma anche fino all'adolescenza, la domanda "Cosa vorresti fare da grande?" non era contemplata. Semplicemente, pensavo che avrei fatto quello che sarei riuscito a fare.

Non sapevo, incredibile, che con il mio esempio avrei contribuito a rovinare la vita di tanti genitori, i cui figli hanno ormai capito da tempo che la parola "lavoro" non per forza si deve associare a termini come "noia" e "fatica".

Vagli a spiegare (ai figli, intendo) che quello dove giocano quelli come me è un campionato nel quale si parte in tantissimi ma dove si arriva veramente in pochi, un campionato con una Serie A con quattro squadre in croce.

Comunque, sono riuscito a fare il disc jockey

pur senza averne mai avuto l'ambizione, anche perché quando avevo l'età per sognare questo era un lavoro che non esisteva.

Certo, casa mia era come quella di Woody Allen in *Radio Days*, il grosso apparecchio in bachelite sempre acceso, con mio padre che seguiva gli sceneggiati e i notiziari e mia madre i programmi musicali. Io e i miei fratelli al massimo cercavamo di snidare fra i transistor gli omini di cui sentivamo le voci.

Fino a quando non li ho trovati per davvero, ma in maniera del tutto casuale. E quando sono diventato uno di loro, non ho più smesso. Tutto qui. I primi tempi, quando parlare alla radio voleva dire imitare il modo in cui lo facevano quelli più bravi di me, il mio difetto principale era che parlavo sempre di corsa. Nel senso che parlavo troppo velocemente, un po' forse perché così si usava e un po' per colpa della mia insicurezza di adolescente o poco più.

Le parole mi uscivano dalla bocca prima ancora che il cervello avesse avuto il tempo di plasmarle e metterle nel giusto ordine, come una bolla di vetro che sfugga improvvisa e incasinata dal cannello dell'artigiano, uno scarabocchio al posto di un gioiello.

Una cosa banale ma che ricordo sempre come un piccolo incubo è che quando dovevo dire che ore fossero non riuscivo a sincronizzarmi con il movimento delle lancette e ogni volta mi incartavo.

Tanti anni dopo, questa cosa del "parli sempre di corsa" sembra la mia nemesi, anche se travestita da gioco di parole.

Dire "non è vero che parlo sempre di corsa" mi

fa sentire come quei protagonisti tragici di certi brutti film che non riescono a sfuggire al proprio destino di persona violenta.

"È lui che mi ha provocato, io non volevo!" gridano, coprendosi il volto sotto i flash dei fotografi mentre la polizia li porta via. Io sono così, se mi provocate non mi tiro indietro, se mi fate una domanda sulla corsa ne parlerei per ore.

"Ma non sono mai io a cominciare!"

Di buono c'è però che, adesso, non mi sento più in colpa, anzi. Non c'è gara, ufficiale o di quartiere, con quattro gatti o affollatissima, in cui non mi senta gridare o sussurrare (a seconda del carattere di chi mi apostrofa): "È per colpa tua che sono qui!".

Detto con un sorriso che, da solo, è il più grande dei grazie.

III

Sono arrivato a New York come sempre il giovedì pomeriggio, un filo più tardi rispetto a tutti quelli che viaggiano con i pacchetti turistici e che approfittano dell'avventura sportiva per legarci qualche giorno in quella che rimane comunque la città più affascinante del mondo.

Starci qualcosa in meno mi aiuta a non rimanere vittima del fuso orario. Riesco quindi a tornare in Italia senza troppi contraccolpi. In più, la conosco abbastanza bene da sapere quanto sia pericoloso cedere al piacere di girarla in lungo e in largo. Pericoloso per le gambe, oltre che per la carta di credito.

Così facendo, poi, riduco al minimo l'assenza dal lavoro: manco giovedì, venerdì, lunedì e il martedì mattina sono già in onda, direttamente dall'aeroporto. Stonato ed eccitato come un bambino dopo una giornata al mare.

Il risultato però è che il programma del weekend è inevitabilmente isterico: nel mio ruolo di improbabile ambasciatore della corsa devo fare la foca ammaestrata e girare da un pranzo all'altro, da un brindisi all'altro, da una foto di gruppo all'altra.

In più, la città è invasa da quasi quattromila italiani che sono lì solo per la maratona e ognuno di quelli che incontro mi farà la stessa domanda, prima o poi:

"In quanto la fai?".

"Quanto hai fatto?"

Per la seconda la cordialità della risposta è ovviamente legata all'andamento della gara, per la prima ho imparato a glissare e a usare il basso profilo.

Cosa che quest'anno mi riesce abbastanza bene.

Lo confido solo agli amici più intimi, quasi me ne vergognassi.

Non ne ho nessuna voglia.

Non ho voglia di correre, di faticare, di stancarmi, di soffrire.

Insomma, non ho voglia di maratona.

Forse perché, dopo otto edizioni consecutive, so quanto è pesante la domenica che ci aspetta.

O forse perché sono ancora ferito dalla delusione di Berlino.

20 settembre, poco più di un mese prima.

Un'intera estate passata a sudare ben più delle proverbiali sette camicie, correndo negli orari più improbabili per tenere fede alle mie tabelle nonostante il caldo implacabile, e poi il sogno era evaporato miseramente al trentesimo chilometro, complice la solita caviglia dolorante, un paio di scarpe da presuntuoso e una giornata, anche quella, di caldo inusuale, specie in Germania a fine settembre.

Nei miei programmi, Berlino avrebbe dovuto

essere la gara da correre sul serio, magari scendendo finalmente sotto le tre ore e trenta, e New York, a quel punto, l'avrei corsa solo per il gusto di esserci.

Invece eccomi qua, con il terrore di fermarmi un'altra volta e la necessità di dover trovare una risposta per tutti quelli che mi chiederanno: "Quanto hai fatto?".

IV

C'è un momento preciso in cui le cose cambiano. Così, di punto in bianco. Fino al giorno prima eri in un modo, di colpo il tuo punto di vista è un altro. Nei bambini è più facilmente avvertibile, specie da noi che passiamo buona parte del tempo a osservarli: a sette anni mio figlio mangiava solo spinaci, poi un giorno, all'improvviso, non ne ha più voluto sapere. Per un po' abbiamo continuato a prepararglieli, con lui che ci guardava come degli stupidi carnefici:

«Non mi piacciono, perché continuate a darmeli?»

«Perché fino all'altro giorno erano il tuo piatto preferito.»

È questo il punto.

Oppure, ti sembra che tuo figlio rimarrà l'unico al mondo a non saper andare in bicicletta e il giorno dopo parte e non ha più bisogno di te che ti spacchi la schiena correndogli dietro con la mano sotto il sellino.

Che, detto tra noi, è uno dei momenti più belli per un genitore.

Per un genitore e per la sua schiena.

Lui pedala felice verso il destino (che di solito ha l'aspetto della macchina del tuo vicino di casa, parcheggiata sotto la sua finestra con lui che proprio in quel momento si è sporto dal davanzale per fumarsi una sigaretta) e tu, finalmente, puoi tornare ad allacciarti le scarpe.

Però questi siamo noi che guardiamo gli altri: a meno che non si tratti della nuova pettinatura di vostra moglie (di cui, diciamolo, è impossibile accorgersi, visto che si spettina, piangendo, nell'istante in cui esce dal parrucchiere) è facile rendersi conto dei cambiamenti quando si è spettatori, molto meno nel ruolo dei protagonisti.

Prendete me e la corsa. Correvo da tre o quattro anni, e quasi solo grazie alle capacità persuasive del mio amico Aldo Rock. Che, come forse saprete, è uno strano e misterioso personaggio. Metà Uomo della Strada e metà Superman. O meglio, Ironman. Uno che ha dedicato la prima parte della sua vita al Rock (da qui il nickname) e l'altra metà al "Rollin'", al rotolare come la pietra della canzone di Bob Dylan per le strade del mondo. Sempre senza allenarsi, sempre arrivando alla partenza un minuto dopo lo sparo. Preparando il triathlon con fugaci incursioni in palestra: venti minuti di corsa sul tappeto, venti di cyclette e venti di piscina. Sufficienti (secondo lui...) per partire alla volta di San Diego, Klagenfurt o dovunque lo portasse il cuore. Se il triatleta è tutto razionalità, Aldo è solo volontà. Quella con la quale, completamente a digiuno di corsa, già alla nostra seconda uscita voleva portarmi alla Marathon des Sables.

Per fortuna ero riuscito a contenerlo entro i più modesti confini del XXV Aprile, lo storico campo di atletica di Milano. Quello proprio sdraiato ai piedi della "Montagnetta" e ai bordi dello svincolo della tangenziale. Che, come metafora...

Spalanchi i polmoni correndo su e giù fra tigli e castagni, guardando un po' dall'alto e con sufficienza le macchine in coda che si trascinano verso casa tornando dal lavoro, senza accorgerti che le polveri sottili in cui sei immerso sono così terribilmente sottili da arrivare fino ai tuoi capillari assetati.

Correvo, dicevo, ma in realtà trotterellavo. Una decina di giri di pista lentissimi, con l'occhio sempre attento a non invadere la corsia più interna, dove corrono quelli che vanno davvero veloce.

La prima corsia di una pista di atletica è come la corsia di sorpasso dell'autostrada prima che inventassero i tutor.

E le dinamiche, i sentimenti e le gerarchie tra i corridori che vanno forte e i comuni mortali sono più o meno gli stessi che ci sono tra il guidatore di una Porsche e voi con la vostra Ford Fiesta.

Con, in più, l'aggravante che al posto dei fari scatta quasi sempre il "vaffanculo".

Traccheggiavo per venti, venticinque minuti, e poi chiudevo con un giro velocissimo che serviva a rimettermi a posto l'orgoglio e (nella mia testa) a lasciare un ricordo di me un filo meno imbarazzante.

Due minuti e mezzo al giro i primi nove, meno di uno e mezzo l'ultimo, con gli ultimi duecento metri in poco più di trenta secondi.

Qualche volta, a fine allenamento, mi fermavo

a sfidare qualcuno più forte di me su quell'unica cosa che mi riusciva bene e poi me ne tornavo in ufficio, spezzato ma felice.

In realtà ho un bellissimo ricordo di quel periodo, forse perché la mia vita era, in assoluto, molto meno impegnativa e carica di responsabilità di quanto non sia diventata in seguito e quindi anche la corsa, pur nella fatica, mi appariva più leggera.

O forse ne ho un ricordo così piacevole perché, col senno di poi, quella era la nascita di un grande amore, quell'attimo bellissimo in cui tutto ci suona nuovo e meraviglioso.

In più, c'era la scoperta di un mondo parallelo, infinitamente diverso ma altrettanto gratificante, anzi, tanto più appagante quanto finora inesplorato.

Come non capisco quelli che riempiono il proprio tempo libero praticando sport "socialmente utili". A se stessi, intendo. Il golfista che parla d'affari sul green è l'esempio più alto. O più basso.

Non voglio apparirvi retorico, ma perché cercare di evadere dal proprio quotidiano, peraltro facendo anche un'attività così faticosa, per poi ritrovare le stesse persone, le stesse dinamiche e gli stessi argomenti?

Tornando alla corsa, il mio motto era dunque: poco e male. Ma a me piaceva così. A livello atletico, cambiava poco. La distanza (o la mia autonomia) era sempre quella. Potevo lasciare il campo sportivo e fare il giro dell'Ippodromo del Galoppo, oppure correre dal porto di Riccione fino alla foce del fiume Marano e ritorno, ma rimanevo sempre lì.

Poco più di quattro chilometri, poco più di venti minuti. Due, tre volte alla settimana. Il minimo sindacale.

Non che ci stessi male, come dicevo, anzi.

Quello era il mio recinto, il mio campo da gioco, e quella era la durata della mia partita; andare oltre sarebbe stato come chiedere di fare due tiri liberi a uno che ha appena finito una partita di calcio.

Nell'estate del 2001 tutto cambiò.

Come forse saprete, da più di vent'anni passo le mie estati a Riccione, riviera romagnola. Lo faccio ormai dall'87, tant'è che i ristoranti che frequento hanno la targhetta in ottone con scritto FAMIGLIA LINUS da mettere sul tavolo, e in spiaggia la mia postazione la riconoscete perché è praticamente in acqua. Sotto l'ombrellone, oltre alla brandina, sono l'unico ad avere la sedia come il bagnino. È perfetta per leggere il giornale all'ombra.

All'inizio ci andavo (a Riccione, non in spiaggia...) solo per lavoro, anche se capisco che si faccia fatica a far passare il concetto, poi succede che anche i disc jockey mettano su famiglia e il resto è venuto da sé.

Siccome succede però che anche i disc jockey, come tutti i comuni mortali, a un certo punto, oltre a mettere su famiglia comincino a mettere su un po' di pancetta, quell'estate avevo preso l'abitudine di andare a correre quasi tutti i giorni, verso la fine della giornata, qualche volta da solo, ogni tanto in compagnia.

Che già questo è un argomento che meriterebbe un approfondimento: l'importanza di trovare "qualcuno con cui correre".

Ma lo affronteremo più avanti.

Partivo (partivamo) dall'inevitabile Zona 61 e andavamo verso Misano Adriatico. Fossimo stati in Florida o in California avrei detto che andavamo verso sud, ma da noi non si usa dare questo genere di indicazioni. In Romagna, in particolare, si va "verso monte" o "verso mare", al limite verso la cittadina più vicina, i punti cardinali non esistono.

Chissà se siamo noi a essere strani e complicati o gli americani a essere quadrati.

Andavamo verso sud a quell'ora che in vacanza è terra di nessuno, fine pomeriggio in spiaggia, ancora troppo presto per gli aperitivi di viale Ceccarini. L'ora, questa sì, in cui i bagnanti vanno "verso monte", nel senso di verso l'albergo. L'ora in cui il vero problema per chi corre è proprio questa specie di transumanza, l'attraversamento continuo di famigliole con passeggini o diciassettenni in ciabatte e asciugamano buttato sulle spalle. Quelli che camminano senza in mente null'altro al di fuori della doccia e della pizza che li aspetta.

Ok, e anche di qualcos'altro, però questo è un libro di sport.

Comunque correvamo, con una serie di riferimenti presi in maniera empirica, anche perché quando devi fare avanti e indietro per un paio di chilometri non è indispensabile essere precisissimi.

Anzi.

"Quanto hai fatto?"

"Quattro o cinque chilometri."

Adesso, se devo farne dieci, a costo di morire non mi fermerei un metro prima.

Allora, però, non ci si poneva certo il problema di segnare in qualche modo il percorso, per cui il primo chilometro corrispondeva più o meno alla piccola arena del calcio saponato, uno degli sport più stupidi al mondo, secondo credo soltanto al ribaltarsi col risciò, mentre il riferimento del secondo chilometro era invece un barettino sul mare in zona Misano Brasile dal nome che ricordava un vecchio circuito del Motomondiale. Potrebbe essere Jarama ma non ci scommetterei. Di sicuro è ancora lì, lo riconoscete dalla piccola Ducati sul tetto. Molto Romagna.

Arrivavamo fino a lì, qualche volta fino alla piazzetta successiva, e poi tornavamo indietro, felici e sudati come dopo una grande impresa.

Non avevo fatto i conti però con quel grande additivo della corsa che è la costanza, forse l'elemento più importante di tutti.

Senza saperlo, passando dalle due-tre uscite settimanali a una cadenza quasi quotidiana, il nostro organismo si adatta, i muscoli non fanno in tempo a dimenticarsi quello che hanno imparato il giorno prima e, specie se lo sforzo non è stato troppo intenso, quando la volta dopo li richiami loro sono lì, ligi e obbedienti. Pronti a ricominciare.

Nel giro di un'estate i 4-5 chilometri divennero 7-8, i 20-25 minuti divennero 40-45, gli amici con cui correre da uno o due diventarono quattro o cinque.

Senza rendermene conto, avevo superato la barriera d'ingresso ed ero entrato nel mondo di "quelli che corrono"!

V

Andrei a New York solo per la corsetta del venerdì mattina. Più in particolare, per il giro del Reservoir. Che è quel grande bacino artificiale nel cuore di Central Park immortalato da tanti film, soprattutto *Il maratoneta*. Due miglia, poco più di tre chilometri, da correre rigorosamente in senso orario, come in un girone dantesco. Provate a fare il contrario e vi manderanno all'inferno all'istante.

C'è una scena meravigliosa nel film in cui Dustin Hoffman corre e la sua fidanzata, seduta sui gradini con l'aria annoiata, gli prende i tempi. Lui corre come un centometrista e lei scandisce: "Cinque minuti". Che per fare tre chilometri non sarebbero un cattivo tempo...

La magia, a quell'ora del giorno, ha due alleati: il sole che sorge di traverso dietro i palazzi dell'Upper East Side e si riflette sull'acqua e gli alberi del parco, che ai primi di novembre sono in pieno *foliage*, quel fenomeno puntuale per il quale nel cambiare colore dall'estate alla stagione fredda per pochi giorni querce e faggi si tingono di un incredibile rosso acceso.

L'appuntamento è per le sette a Columbus Circle, l'ingresso di Central Park che domenica vorrà dire ultimi quattrocento metri. Come sempre mi sembra un orario esageratamente anticipato, ma è sempre mezzogiorno per noi europei, anche considerando che l'ora legale entrerà in vigore solo nella notte tra sabato e domenica. Dev'essere una specie di convenzione, perché alla stessa ora e nello stesso posto si ritrovano gruppi di runner di ogni parte del mondo, quasi tutti intruppati e agghindati con i colori nazionali. Foto di gruppo sulla tribunetta già montata, una lisciatina al fondoschiena bronzeo della statua di Fred Lebow (l'inventore della Maratona di New York) e via per una sgambata più turistica che tecnica.

Fa freddo, e anche se la giornata è limpida tutti hanno pantaloni lunghi, guanti e giacchino. E qui scatta la prima domanda, che è uno dei modi per capire se chi ti parla è alla prima New York.

O meglio ancora, alla prima maratona in assoluto: "Domenica come ti vesti?".

VI

Quando si comincia a correre, soprattutto se non lo si è mai fatto prima, si prova una forma di pudore/imbarazzo che si tenta di spacciare per snobismo, la cui manifestazione più evidente è proprio il modo in cui ci si veste.

"Io la canottiera da maratoneta convinto non la metterò mai."

"Amore, se vuoi regalarmi qualcosa per correre va bene, ma non mi prendere quegli orrendi pantaloncini sgambati da corsa campestre degli anni '70, ti prego!"

Di solito il runner neofita, più che per l'andatura incerta, si riconosce per la maglietta grigia comprata in viaggio di nozze, quella che nella sua testa fa molto studente del college ma che dopo venti minuti si trasforma in un bagno di sudore. O per i pantaloncini lunghi e larghi da Kobe Bryant. Peccato che anche quelli tengano leggermente caldo.

È un modo per prendere le distanze da quelli che sfrecciano in gruppo senza neanche vederti, come a dire: "Ehi, io non corro come voi solo perché non mi interessa, capito?".

È una fase inevitabile e comprensibile, di solito dura qualche mese, dopodiché o si continua e ci si adatta o si torna al telecomando.

Perché è vero che il mondo di "quelli che corrono" è pieno di matti, ma se tutti si vestono in un certo modo alla fine un motivo ci sarà.

Che è molto più sensato, per esempio, del motivo per cui i ciclisti si depilano le gambe. Quella è tutta un'altra storia che ho imparato di recente, da quando per due o tre mesi l'anno cerco di far rifiatare le mie povere ginocchia/anche/caviglie faticando seduto su un sellino da fachiro.

"Ci si depila le gambe perché se cadi almeno i peli non si attaccano alle ferite."

Peccato che la caduta nel ciclismo sia meno frequente di una foratura, diciamo una volta a stagione, e tutt'al più ci si sbuccia un ginocchio, cioè la parte in assoluto meno pelosa.

Oppure: "Ci si depila perché se ci si fa massaggiare non si irrita la pelle".

Che sarebbe anche vero, peccato che, purtroppo, il novantanove per cento dei miei amici ciclisti amatoriali non possa permettersi più di un paio di massaggi l'anno.

Quindi rassegnatevi, se la corsa è nel vostro destino, la incrocerete in mutande e canottiera.

Un capitolo a parte, invece, meritano le scarpe, sulle quali c'è poco da scherzare.

Se con l'abbigliamento, infatti, il problema è risolvibile con un po' di spirito di sopportazione, le scarpe hanno il compito, direi quasi il dovere, di evitare di trasformare un'attività destinata a farci stare bene nella causa di tanti problemi.

Ho un ricordo vago di quelle con cui ho mosso

i primi passi, e già questo non è un buon segno. Di sicuro avevano l'aspetto di scarpe da running, ma dubito che lo fossero per davvero.

Ricordo, invece, quelle che regalai al mio migliore amico, ai tempi digiuno e restio nei confronti dell'attività fisica. Bellissime da vedere ma credo adatte a un keniano di cinquanta chili: lui, che invece ne pesava oltre ottanta, le portò stoicamente per i primi tre mesi.

Per fortuna è sopravvissuto e ancora adesso lo vedete alle mie spalle in tutte le mie foto di corsa. In realtà, si mette dietro per i fotografi, sulla strada mi sta davanti eccome.

Quello che posso dirvi, in tanti anni e dopo tanti chilometri, è che l'elemento più importante per scegliere le vostre scarpe da corsa non è né la marca, né il colore e né il prezzo, visto che più o meno da questi punti di vista si equivalgono un po' tutte.

La differenza vera la fa il commesso, che è sempre più una specie in via d'estinzione. Se volete essere cool allora ok, fidatevi del simpatico ragazzo tatuato vestito come un arbitro americano, ma se volete un consiglio vero dovete prima cercare il negozio giusto e poi sopportare uno di questi personaggi raramente espansivi ma in grado di mettervi in strada su una scarpa conforme, quantomeno, al vostro peso e alla vostra postura. E magari anche alla vostra andatura.

Perché come il ciclista amatore farebbe follie per una sella da cinquanta grammi in meno (salvo poi partire con due borracce piene...), il runner amatore non vede l'ora di sfoggiare un paio di quelle che in gergo si chiamano "A2".

Per intenderci, le A1 sono quelle vietate ai minori di cinquanta chili, cioè buone solo per atleti professionisti, quelli che "sentono" il piede.

Poi ci sono le A2, che sono le scarpe per amatori evoluti, molto veloci e poco pesanti. E poi le A3, cioè le nostre. Ci sono anche le A4, ma credo le abbiano inventate solo per non farci sentire troppo sfigati. In realtà, non le vendono a nessuno.

Quando ho finito la mia prima maratona ho pensato di conservare le scarpe con cui avevo corso e su cui avevo fatto incidere, uno per scarpa, i nomi dei miei bambini. Poi, alla maratona successiva le ho buttate perché mi sembravano quasi una vergogna da nascondere per quanto piano avevo corso la prima. Ora le smaltisco regolarmente, alla media di quattro o cinque paia l'anno. Anche in questo caso ci sono diverse correnti di pensiero: conosco gente che con lo stesso paio ci fa anche 700-800 chilometri, io di solito le cambio intorno ai 500. Cioè più o meno ogni due o tre mesi.

Poi ne ho una collezione intera per la vita di tutti i giorni che fa concorrenza a quella del Dr. House. La sua probabilmente è un vezzo da sceneggiatura, io sono arrivato al punto di non riuscire più a calzare nient'altro. Però, ho una forma di selezione molto rigida, come sempre figlia dell'abitudine di mischiare gioco e precisione. Ho sei ripiani a mia disposizione nella scarpiera di casa, ognuno con lo spazio per quattro paia, né uno di più, né uno di meno. Fanno un totale di ventiquattro e tante devono rimanere. Per ogni paio che entra ce ne deve essere uno che fa le valige e a volte sono scelte dolorose. Se pensate che scherzi, provate a fare applicare questa regola a vostra moglie.

VII

Curiosamente, il calendario vuole che la Maratona di New York cada quasi sempre in coda al mio compleanno, il che mi risolve il problema di eventuali festeggiamenti. Cosa che, dipendesse da me, avrei già smesso di fare da tempo. In realtà, però, c'è sempre qualcuno che se lo ricorda, e la difficoltà più grande è fingere di non accorgermi delle cose che si tramano alle mie spalle. Ma sono un buon attore, specie se questo stimola il mio amor proprio, per cui riesco facilmente a dissimulare.

È venerdì pomeriggio, ed è il 30 ottobre.

Abbiamo già sbrigato le formalità classiche, prima fra tutte il ritiro pettorali allo scomodissimo Jacob Javits Center. Si entra con gli occhi sgranati dallo stupore, noi corridori di provincia al cospetto di una così sfacciata manifestazione di opulenza, salvo poi sprofondare piano piano nella stanchezza e nella moquettona spessa dieci centimetri.

Per finire sdraiati come homeless su un marciapiede, vista l'impossibilità di tornare in albergo in taxi dato che il posto è praticamente su una tangenziale.

A pranzo abbiamo incontrato una delegazione del Comune di Milano, commoventi per l'impegno con il quale cercano di creare un minimo di simpatia intorno alla maratona più complicata d'Italia; prima avevo girato uno spot per il lancio di Deejay TV, rilasciato un'intervista al TG1 e soprattutto svaligiato Toy's "R" Us.

Il tempo di mollare sacchetti e zainetto in camera e siamo di nuovo per strada con la mano per aria, nella nostra pessima imitazione dell'americano che cerca di fermare un taxi. Prima fermata SoHo. In verità vorrebbero portarmi a Brooklyn, perché il gioco è stare lontano dalle zone turistiche, ma ho deciso che il mio motto sarà "minima spesa, massima resa", quindi vietati spostamenti troppo complicati e faticosi.

Il museo si chiama New Museum, sulla Bowery, una delle strade più vecchie e un tempo malfamate di New York. Una di quelle che partivano dai Five Points di *Gangs of New York*, per intenderci. Ancora adesso non è proprio un posto bellissimo, ma ai newyorkesi piace molto questa commistione e questo senso di continuo rinnovamento.

È un posto freddo, quattro piani larghi e squadrati in cui la sensazione di maggior calore la dà il grande ascensore montacarichi. In un angolo c'è un giapponese che fissa da vicino il quadro elettrico, convinto che sia anche quella un'installazione. Diciamo che non è il mio genere.

Di nuovo taxi e di nuovo New York alternativa. L'altezza è più o meno la stessa, però questa volta nella parte West, quella del cosiddetto Meetpacking District, l'ex (o quasi) zona delle macellerie. Qui il sindaco Bloomberg ha investito decine di milioni di dollari per bonificare un tratto di ferrovia sopraelevata dismessa da decenni e lunga oltre due chilometri.

Il risultato è singolare, per non dire sconcertante: ci sono angoli attrezzati con nuove panchine e lunghi camminamenti ma anche i vecchi binari sui quali è facile inciampare. Soprattutto, il percorso è punteggiato da macchie di erbacce che però pare siano state mantenute per ordine della "paesaggista", un'olandese ovviamente molto chic. Il posto, che si chiama High Line, è pieno di umanità con grandi occhiali e aria annoiata; d'altronde, la vista rimane sempre quella dei capannoni circostanti. Almeno per adesso.

Il terzo giro di taxi è quello buono, pochi isolati e ci fermiamo all'indirizzo giusto. O almeno così dovrebbe essere, stando a quello che è scritto sul biglietto. Peccato che di Hooters e del ristorante con le spogliarelliste non sia rimasta neanche l'insegna.

L'avevo appena detto che a New York niente dura per sempre.

Ci ridiamo su e finiamo a bere birra in un locale lì vicino.

Quattro uomini soli in un bar di Chelsea, la roccaforte gay di Manhattan. Provate a chiedere in giro.

VIII

L'uomo è un animale sociale. Io perlomeno mi rivedo in pieno in questa definizione. Tuttavia, il mondo della corsa è formato, in maniera equilibrata, da gente normale e gente squilibrata. Gente che senza compagnia non farebbe un passo e misantropi incalliti, capaci di sopportare ore e ore di fatica in totale solitudine.

Allo stesso modo, ci sono quelli che teorizzano il piacere del "sentire" il proprio corpo, dell'essere capaci di ascoltarsi, di apprezzare il rumore dei piedi sull'asfalto o il suono del proprio respiro, e quelli (come me) che preferiscono invece censurarsi, distrarsi, quasi coprire le proprie imperfezioni con le voci dei compagni di viaggio.

I primi non usano nemmeno le cuffiette, tanto riescono a bastarsi e a trarre piacere dai segnali che arrivano dal loro personale microcosmo. Io che corro sempre in compagnia, nelle poche occasioni in cui non trovo nessuno con cui dividere la fatica prima di uscire mi pianifico ogni volta una playlist su misura.

Quelli che corrono da soli spesso hanno anche

un'altra caratteristica invidiabile, quella di riuscire a correre "sul serio" anche la mattina presto. Invidiabile perché permette di affrontare la giornata con i "compiti" già fatti, e chi si allena alla sera, specie nelle grigie e fredde giornate invernali, capisce quello che voglio dire.

Col freddo, alla fine, si tratta di scegliere il minore dei mali: avere la forza di buttarsi giù dal letto mentre il resto della famiglia (o del mondo...) ha ancora davanti almeno un'oretta di caldo riposo (e però avere archiviato la pratica al momento di andare in ufficio), oppure svegliarsi come tutti gli esseri umani ma rinunciare al divano una volta rientrati da una lunga giornata di lavoro.

E, credetemi, alle sei di sera di un qualunque martedì di gennaio, il duello "casa dolce casa" contro "strada fredda strada" è quasi sempre una battaglia persa.

A meno che non ci sia un appuntamento da mantenere, qualcuno che ci rimarrebbe male se voi lo tradiste, insomma, la vostra coscienza travestita da compagno di corsa!

Sono correnti di pensiero, o più probabilmente predisposizione.

Io, all'alba, non solo riesco al massimo a trotterellare, ma tutte le volte che ci ho provato ho passato la notte precedente praticamente insonne, agitandomi nel letto come Gene Wilder in *Frankenstein Junior*.

Quello della musica nelle orecchie è invece un capitolo a parte. Forse vi sarà capitato di leggere negli ultimi anni di tutte le polemiche legate a quello che qualcuno definì un vero e proprio *booster* emotivo.

In realtà si trattava di un piccolo capolavoro di marketing.

Qualche anno fa, alla vigilia di un'edizione della Maratona di New York, la Federazione di Atletica Americana chiese e ottenne di mettere al bando l'uso dei lettori MP3 e di qualunque altro strumento destinato a riprodurre musica in movimento.

Il pretesto era duplice, da un lato la possibilità che il maratoneta in trance non si rendesse conto di qualunque pericolo improvviso (come se in qualche parte di Manhattan avessero dimenticato dei tombini aperti, con relativi coccodrilli albini di sotto a fauci spalancate), ma soprattutto (e qui sta la genialata) che correre con la musica nelle orecchie, specie se le canzoni fossero state scelte dal corridore di cui sopra, sarebbe stato un beneficio emozionale paragonabile a una qualunque forma di doping!

In pratica l'assioma era: correre con la musica nelle orecchie distrae dal mondo esterno, non ci fa sentire la fatica e soprattutto ci fa andare più forte!

Considerando che: in tre anni di applicazione di questa regola non ho mai visto nessuno fermato per averla infranta; che in compenso migliaia di persone ancora corrono (più che mai) con le loro belle compilation nelle orecchie; che di certo è un problema che non riguarda i professionisti; ma soprattutto che il fornitore tecnico della squadra di atletica americana è anche il principale produttore di un sistema che unisce le scarpe all'iPod...

Come diceva il tale, "a pensar male si fa peccato ma quasi sempre ci si azzecca".

Tornando alla musica intesa come semplice compagna di viaggio, non amo molto la corsa in solitudine; di riflesso, non ne sono un grande consumatore.

Potrei dirvi, con buonissima approssimazione, che esco a correre circa duecento volte in un anno, e di queste le occasioni in solitario non sono più di quattro o cinque. Quindi no, non posso dire certo di esserne un grande fruitore.

Però, quando mi capita, mi diverte organizzarmi una playlist su misura, non tanto legata a progressioni, cambi di ritmo o roba da trance agonistica, come sembrerebbe indispensabile leggendo le riviste specializzate, ma solo canzoni che rispecchino il mio stato d'animo di quel momento.

Il che sembra una cosa facile, ma invece non lo è per niente. Perché, detto fra noi, musicalmente sono un pervertito.

Dev'essere una specie di contrappasso per tutta la robaccia che in anni di radio mi è capitato di suonare, o più semplicemente una forma di perenne insoddisfazione legata all'uso e all'abuso.

Sì, la musica sta a un DJ come le donne a certi attori di Hollywood: arriva un momento in cui devi andare a disintossicarti. Ma qui non esistono cliniche specializzate e allora il rimedio è semplicemente quello della fuga. Scappare dalle convenzioni per ritrovare le emozioni.

Si può scappare all'indietro, recuperando cose "private" di molti anni prima, oppure di lato, sorseggiando repertori improponibili nel quotidiano. O magari in avanti, cercando di andare a pescare nell'immenso mare del digitale.

Io mischio tutto, senza ritegno. Tanto è solo per me.

Diciamo che gli argini sono De Gregori e Battisti da una parte e Jay Z dall'altra, con in mezzo qualunque cosa, dagli Stones a Johnny Cash, da Prince ai suoi discepoli.

Però, *Glory Days* è una canzone speciale, anche per me.

New York 2006, metà dell'infinita First Avenue, il momento della verità della maratona. Più o meno il ventottesimo chilometro, a metà di quel rettilineo lungo quasi cinque miglia, largo come il Moon River della canzone (*Moon River, wider than a mile...*) e ondulato come il deserto dei vostri peggiori incubi.

È qui che i keniani scattano e gli italiani schiattano, ed è qui, infatti, che ogni anno ho pagato dazio. Ma non quell'anno, e lo capii proprio con *Glory Days* sparata nelle orecchie. Non è stata la mia maratona più veloce, ma quella nella quale sono arrivato meglio al traguardo, un'ora e cinquanta minuti la prima parte, un'ora e cinquanta la seconda.

Ho le foto di quando entro a Central Park per gli ultimi quattrocento metri e sembro un bambino che corre uscendo da scuola.

Tornando alla "solitudine del maratoneta", in dieci anni, due sole volte ho corso da solo per più di un'ora, e me le ricordo entrambe distintamente.

La prima in una fredda e piovosa giornata di fine ottobre 2003.

Era una domenica mattina, se volete vi do anche la data, e non solo perché ce l'ho segnata sul mio famoso quadernetto.

Quando dico (scherzando, ma non troppo) che

il più piccolo dei miei figli è un adorabile stronzetto dovrei sempre ricordarmi che appena nato mi ha fatto subito invece un grande regalo.

L'anno prima, novembre 2002, avevo corso la mia prima, disastrosa Maratona di New York. Finita così male che, appena ripreso, mi ero ripromesso di tornare per vendicarmi, magari evitando di ripetere tutti gli errori dell'anno prima.

Avevo di nuovo convinto il gruppo dei miei amici (anche se "convinto" non è forse il termine più adatto... va bene "precettato"?) e subito in apertura di anno eravamo al gran completo.

La vita riserva però un sacco di sorprese e, con la primavera, arrivò anche la notizia che aspettavamo un bambino.

Intendo io e mia moglie, non io e i miei amici.

E che sarebbe nato, giorno più, giorno meno, nello stesso "mio" giorno.

Cioè quello della maratona.

Così, mentre tutti i miei soci si allenavano per New York, io mi iscrissi alla Maratona di Venezia, che è una delle più belle al mondo e prima o poi riuscirò anche a correrla, ma insomma, in quel momento la mia priorità era rifare (bene) quell'altra.

La scelta era comunque obbligata, il periodo era più o meno lo stesso e mi sarei comunque allenato in compagnia. Quanto alla gara, avrei dovuto assentarmi da casa solo per poche ore.

E questo, per gli equilibri domestici, era l'elemento fondamentale.

La natura però è imprevedibile, e infatti Michele è nato a Rimini, in una notte buia e tempestosa, con almeno quindici giorni di anticipo.

Era venerdì 17 ottobre, e due settimane dopo ero a New York.

Per ringraziarlo, la domenica mattina ho corso dalla mia casa di Riccione lungo tutto il lungomare, oltre il porto di Rimini e giù fino al vecchio borgo e all'ingresso dell'ospedale, lì ho girato i tacchi e sono semplicemente tornato a casa.

Ventisette chilometri, da solo e sotto una pioggia "stretta", come dicono in Romagna, sottile, pungente e incessante.

Ma sono stati i più facili della mia carriera.

Non come quella volta (forse l'unica), sempre sotto la pioggia e sempre di domenica, in cui non ho finito la Mezza di Vigevano.

Come runner, le mie qualità più grandi, sono sicuramente la costanza e la determinazione. Non ho un grande fisico, anzi, né tantomeno un gran motore. Tutt'altro. Il medico che ogni anno mi rilascia il certificato di idoneità sportiva puntualmente mi apostrofa da sotto i suoi occhialetti con un sarcastico: "Ma lei è sicuro di voler fare la maratona?"...

Però, essendo un tipo molto disciplinato e cocciuto, posso tenere un tempo preciso al chilometro con una tolleranza di pochissimi secondi e sono disposto a seguire qualunque programma di allenamento, se è quello il piano. Datemi una tabella e un obiettivo e io diventerò il vostro soldatino.

Allo stesso modo, ogni tanto cado vittima di blackout motivazionali.

Mi si spegne la luce e mi spengo completamente anch'io.

A mia parziale difesa devo dire che, spessissimo, mi capita di dover convivere con i dolori più fastidiosi. Quasi sempre li sopporto, ogni tanto no. In questo non sono molto diverso dalla maggior parte dei miei colleghi.

Mi fregano le vie di fuga.

Un anno mi sono fermato a due chilometri dalla fine della Stramilano solo perché passava davanti al portone della radio. Uno sguardo davanti, al cartello del chilometro diciannove, e uno a sinistra, dove il portinaio mi salutava, e non ho avuto esitazioni.

Un altro non ho finito la mia Maratona di New York numero sei (era il 2007) perché nel famoso momento della fatica (la solita First Avenue) il mio diavoletto personale mi ha ricordato che avevo la coscienza a posto, avendo fatto tre settimane prima il personale a Carpi e soprattutto che, con una leggera deviazione sulla sinistra, sarei arrivato direttamente al traguardo. Niente Harlem, niente Bronx, niente Quinta e niente Parco.

Un taglietto chirurgico attraverso Park Avenue, Madison e Lexington, il pettorale a mezz'asta per evitare fraintendimenti, la testa bassa per non intercettare gli sguardi perplessi degli abitanti dell'Upper East Side e via. Dieci minuti e sarei arrivato. E così feci, pentendomene amaramente, perché per un anno poi ho dovuto spiegare cosa, come e perché.

Ma non c'è niente da fare, se sto male e vedo una porticina mi ci infilo.

Quella domenica a Vigevano ho fatto lo stesso. La corsa parte e arriva dallo stadio locale, ma al quinto chilometro c'è un altro passaggio che lo sfiora. E io mi ci sono infilato.

Avevo mal di schiena, forse il ritmo era troppo

alto per me, più probabilmente ero solo un po' più stanco del solito.

Avrei potuto rallentare un filo e non sarebbe stato diverso da mille altri allenamenti.

Invece è bastata una sirena travestita da via di fuga ed ecco qua Ulisse.

Passato il dolore è rimasto il rimpianto, direi quasi il rimorso, amplificato dal dover rimanere ad aspettare tutti i miei compagni per un'ora abbondante. Così, nel pomeriggio, da solo e sotto la pioggia, sono uscito a fare i chilometri che mi mancavano. E anche un paio di più, come si faceva con le Ave Maria dell'oratorio.

IX

Hotel Sheraton di Manhattan, le tre del pomeriggio di sabato. È il momento del briefing del giorno prima, la riunione tecnica destinata agli ultimi consigli, pratici e non solo.

La tensione comincia a montare, specie nelle gambe e nella testa di quelli alla prima partecipazione.

Ossia la maggior parte. Quando Orlando Pizzolato invita i debuttanti a farsi avanti, almeno tre quarti dei circa mille presenti alzano la mano.

È un teatrino ormai collaudato quello tra me e Orlando, un gioco delle parti in cui ognuno dei due ha qualcosa da insegnare all'altro: lui dall'alto delle sue due vittorie (nell'84 e nell'85), io dal basso della mia ormai quasi decennale partecipazione.

Ci sono cose che un campione è in grado di fare e di spiegare e altre che invece non può capire, semplicemente perché la sua è una macchina troppo potente per provare le sensazioni di un comune mortale.

Un maratoneta professionista non ha mai corso

una maratona intorno alle quattro ore, e probabilmente non ci riuscirebbe nemmeno se lo volesse.

Non sa cosa significa correre nella pancia della corsa, gomito a gomito con la sofferenza.

Con tutta l'esperienza e la buona volontà, non può capire cosa vuol dire quel senso di smarrimento che ti prende man mano che le forze ti abbandonano.

A me ricorda sempre una specie di naufragio, come se il mio corpo andasse alla deriva e non riuscissi più a riconoscere la linea dell'orizzonte.

Altro che muro.

Nella sala conferenze fa molto caldo, guardo le facce che mi circondano e capisco che come sempre hanno (abbiamo) fatto tutti quello che non dovevano (dovevamo) fare. E che faranno (faremo) lo stesso anche domani mattina.

Sui volti c'è la stanchezza di tre giorni in cui l'entusiasmo della trasferta si è tradotto in chilometri ciondolati lungo i marciapiedi di Manhattan, con tre sacchetti di GAP in una mano e magari una figlia addormentata nell'altra.

E so che domani, contro ogni nostro consiglio, partiranno (partiremo) tutti troppo forte, coltivando la segreta speranza di riuscire a mettere sufficiente fieno in cascina per poi vivere di rendita negli ultimi chilometri.

"Quanto tempo prima ci si deve schierare?"

"Una mezz'oretta. E scordatevi di potervi scaldare, sarà come stare su un vagone della metropolitana all'ora di punta."

"Qual è il punto più duro?"

"La partenza: non ve lo dice nessuno, ma il primo miglio è tutto in salita, e l'entusiasmo di avere *New York, New York* nelle orecchie vi può portare a sottovalutarlo."

"Posso cambiare il colore della mia gabbia?"

"In teoria sì, solo se in senso peggiorativo. In pratica siamo italiani, e con un po' di creatività ci si riesce facilmente."

"Una volta arrivati dove troviamo le nostre cose? E come torniamo in albergo?"

Vorrei spiegargli che solo recuperare borse e strada di casa è un'impresa che varrà almeno un'altra mezza maratona, che dopo essere stati abbracciati e incoronati da una delle simpatiche vecchine che troveremo sulla linea d'arrivo ci toccherà camminare, distrutti e infreddoliti, per almeno altri tre o quattro chilometri, ma preferisco glissare.

Come sempre mi sembra di avere esagerato con il terrorismo psicologico, di averla messa giù un po' troppo dura.

Mi dico che, in fondo, se uno ha fatto tutto quello che doveva fare, di cosa deve aver paura?

È solo una corsa, in fondo.

Però li guardo e vedo che il dubbio e l'incertezza hanno cominciato a fare capolino; se al momento di sedersi erano stanchi ma eccitati, ora si alzano con gli sguardi preoccupati.

Ma è un'impressione che dura poco.

Fuori sta cominciando a fare buio, pochi minuti e saranno di nuovo tutti in fila da Abercrombie & Fitch.

Tanto la corsa è domani.

X

Alla fine di settembre del 2005 metà Radio Deejay si trasferì a Città del Capo per un breve ma intenso fine settimana. L'occasione era la nuova campagna televisiva, quella del "Prova a Prenderla". Forse la ricordate, la musica di Tom Jones e i personaggi della radio sui tetti e lungo le strade della meravigliosa città sudafricana.

Io ovviamente correvo. Attraversavo il tetto di un grattacielo con gli Elio che facevano il tifo e con un salto spettacolare sfondavo la vetrata della finestra di un appartamento del palazzo di fronte. Per l'esattezza una stanza da bagno, per lo stupore della bellissima ragazza nella vasca.

L'ultima parte fu interpretata da uno stuntman, la ragazza l'ho vista anch'io solo in TV.

Lo "schedule" come dicono i tecnici, il programma diremmo noi, prevedeva l'arrivo in città il venerdì mattina, io avrei dovuto girare il sabato pomeriggio e poi tutti insieme saremmo ripartiti la domenica sera.

Abbastanza indolore, tenuto conto che il Sudafrica non ha differenze di fuso orario e che viaggiando di notte non si spreca nulla.

Il sabato mattina, un po' per riempire la giornata in attesa del mio turno e un po' per l'effetto "nano da giardino", chiesi alla produzione un'indicazione su quale fosse il percorso migliore per andare a correre, anche in virtù del fatto che la giornata era bellissima.

Il "nano da giardino" è quella fotografia (quasi sempre virtuale, anche se ogni tanto certe immagini è bello fermarle sul serio) di noi corridori nella cornice di un luogo di vacanza o comunque simbolico. Proprio come nella goliardata tipica degli anni '80, quando si usava rubare una di quelle statuette di gesso che ancora adesso ornano il giardino di molte villette di campagna, fotografarla in uno scenario riconoscibilissimo e il più possibile lontano e poi spedire la foto-cartolina all'indirizzo di partenza.

Quando sarà possibile stampare i nostri ricordi, mi farò un album con me di fronte alle Cascate del Niagara, sul Malecón di Cuba, nel Parco di Yellowstone, sul Ponte dell'Øresund...

A fine settembre in Sudafrica è primavera inoltrata, fa già abbastanza caldo ma il clima è decisamente gradevole. In più, Cape Town è una delle città più belle del mondo, affacciata sull'Oceano e protetta, quasi sorvegliata alle spalle, dalla Table Mountain, una lunga collina con la schiena piatta dalla cui cima si gode uno scenario mozzafiato.

Non è però una città sicurissima, anche se lontana anni luce dalla tormentata Johannesburg. L'argomento sta molto a cuore specialmente alle tantissime case di produzione che lavorano con l'Europa.

I prezzi convenienti, l'infinità di scenari e la

qualità della manodopera potrebbero non bastare più sul mercato pubblicitario davanti a un cliente aggredito da qualche malintenzionato, e quindi per correre mi assegnarono un simpatico e discreto accompagnatore. Non si sa mai.

Non era un qualunque bodyguard ma il presidente del locale Road Runner, un inglese asciutto e cortese, al quale quarant'anni di Africa non avevano cancellato il rossore della pelle.

Corremmo insieme per una decina di chilometri, io e lui a fare l'andatura, Albertino, Elio e Rocco Tanica come improbabili rincalzi.

Noi con il nostro abbigliamento tecnico, loro tre in bermuda e maglietta dei Ramones (Elio).

Il lungomare di Città del Capo è in buona parte un giardino pubblico ben curato, dove è possibile passeggiare e prendere il sole con lo spettacolo abbastanza frequente delle balene che saltano a pelo d'acqua. Tolto l'Oceano, è tutto molto europeo, come d'altronde l'interà città, il che è non poco discutibile. Specie se si tiene conto del fatto che i veri padroni di casa, perlopiù, vivono ammassati negli incredibili *slum* che circondano la metropoli, ma questa è una materia su cui è facile cadere nella retorica.

Dopo avere esibito le nostre medaglie sportive e contato le nostre ferite, il mio ospite, sempre più rosso in volto per la corsa, mi dice che è un peccato che io riparta già l'indomani, visto che la mattina dopo si corre la Mezza Maratona di Città del Capo, partenza dalla vetta della Table Mountain e arrivo proprio lì, sul waterfront.

«A che ora parte?» chiedo io.

«Alle sette» fa lui «ma anche se avessi il tempo per correrla a quest'ora è impossibile trovare un pettorale.»

La parola impossibile per una casa di produzione di spot pubblicitari non esiste, visto che la regola è risolvere qualunque problema in qualunque modo, anche e soprattutto i capricci. A metà pomeriggio avevo il mio bel numero da attaccare alla maglietta.

La mattina dopo, alle cinque e mezzo, da solo e con il mio misero sacchetto di effetti personali, nel buio più pesto, salivo su uno degli autobus dell'organizzazione che dal porto si arrampicavano fino alla partenza. Addosso una sensazione indecifrabile, un misto di orgoglio per essere riuscito a superare la mia abituale timidezza e avere trovato il coraggio di fare una cosa per me così insolita, unito a quel senso di spaesamento che sempre ci coglie nei primi momenti di solitudine in un posto sconosciuto.

Una volta arrivati in cima, la sensazione di straniamento e di disagio è però arrivata a riscuotere la sua tangente, crescendomi dentro gradualmente come un'immensa onda, amplificata dal freddo intenso e dalla solitudine assoluta.

Poi, un attimo prima che lo tsunami si abbattesse sulla mia desolazione, l'alba bellissima che illuminava l'Oceano e la città sotto di noi l'hanno trasformata in una delle emozioni più grandi della mia vita. E a quel punto c'era solo da correre.

XI

Alla fine, i sabato pomeriggio sono uguali in tutte le parti del mondo. Senza bisogno di scomodare Leopardi e il suo villaggio la giornata scorre con gli stessi ritmi a Recanati come a New York. Oggi come allora. Parte piano, sonnacchiosa, a ricordare che è sempre un giorno di riposo e poi cresce gradualmente fino al completo caos di metà pomeriggio. Dopodiché tutto si ferma di nuovo o quasi, come in quei ralenti dei film d'azione che tanto vanno di moda adesso, con la canna della pistola (e il nostro respiro sospeso), che sfreccia avvitandosi verso il bersaglio. Questo però non è un sabato qualunque, per "noi" e per "loro". Dove "noi" siamo i quarantamila bravi ragazzi pronti a faticare e "loro" sono i padroni di casa, pronti a divertirsi fino a stordirsi. Oggi ancora di più.

A New York quella che sta per arrivare è la notte di Halloween, che è un sabato sera energizzato e moltiplicato. Un po' carnevale e molto capodanno.

Le sette di sera, piove, ma questo non scoraggia un gruppo di ragazzine vestite (o meglio svestite) da conigliette di "Playboy". Ci saranno al massimo dieci gradi, sono già fradice, le gambe livide e i capelli appiccicati, la birra non si vede perché esibirla è reato, ma di sicuro dentro ne hanno già tanta. Mi chiedo se si sono cambiate una volta uscite di casa o se i loro genitori sono consapevoli.

È una riflessione che non so bene di cosa sia figlia, se del mio essere padre, italiano e bacchettone o delle tante serate passate in discoteca, dove i bagni erano i camerini delle adolescenti.

Adesso sono per strada, anzi, per le strade della Città Che Non Dorme Mai, sulla soglia di una delle notti più movimentate dell'anno e il mio unico obiettivo è scavarmi la cuccia e andare a dormire.

I tempi cambiano.

Prima però c'è il rito del *carbo-loading*, l'abbuffata di pasta per il giorno dopo. Ceniamo in gruppo, come militari a Viterbo, in un ristorante falso italiano a pochi isolati di distanza dall'albergo. Il proprietario dev'essere croato o albanese ma insiste a cantare canzoni napoletane. Nell'aria l'odore di aglio bruciato è quasi insopportabile e gli spaghetti sono sullo stesso livello.

Però siamo in compagnia e questo ci basta, un gruppo di ex ragazzi che si comportano come se avessero trent'anni di meno. Un'altra usanza vuole che ognuno stili la propria classifica, un po' per prendere in giro quelli che promettono l'impresa del secolo e un po' per non darla vinta a quelli che, al contrario, fanno eccessiva pretattica.

Siamo in otto e nessuno mi dà per favorito. Non che avessi dubbi. Torniamo verso l'albergo che non sono nemmeno le undici, il traffico sulla Broadway è intenso, il fiume di taxi sfreccia verso sud, verso il Village e la Halloween Parade. Anche noi abbiamo il nostro costume da indossare, però solo domani mattina. Prima di andare a letto devo anche attaccargli il numero.

XII

Se avessi scritto questo libro, che so, una ventina d'anni fa, senza ombra di dubbio lo avrei fatto usando carta e penna. Tutt'al più una bella macchina da scrivere. Più agile e chiara del blocco e dell'inchiostro ma comunque, alla fine, con gli stessi limiti e vantaggi. Il piacere fisico, quasi feticistico del manoscritto da un lato e l'innegabile bruttezza delle cancellature dall'altro. Decisamente scomodo ma molto affascinante.

Da qualche parte ho letto che Gabriel García Márquez, una volta completato il manoscritto di quel capolavoro che è *Cent'anni di solitudine*, lo avesse come sempre affidato alla sua dattilografa di fiducia per realizzare la bella copia da inviare all'editore. La poveretta però, tornando a casa in una giornata di pioggia, al momento di salire su un mezzo pubblico lo avrebbe involontariamente fatto scivolare a terra, spargendo centinaia di fogli tra le pozzanghere. Immaginatevi la pioggia che lava per sempre e irreversibilmente queste pagine intrise di poesia e il terrore che può avere provato. Per fortuna, la premura dei passanti nell'aiutarla e un acquazzone alla fine non troppo violento, insieme immagino a una stufa e a un ferro da stiro, permisero allo scrittore colombiano di vincere, qualche anno dopo in verità, il premio Nobel per la letteratura.

È un tipo di paura che non corro, pur avendo anch'io nel cassetto ormai centinaia di fogli scritti a mano.

Il mio quadernetto della corsa è un insieme di fogli A4 sui quali ogni sei mesi stampo un rudimentale planning che poi a mano, con precisione, dopo ogni seduta aggiorno.

E che non ho nessuna intenzione di trasferire in digitale.

Anche questa è una delle caratteristiche spartiacque del popolo che corre.

Come ci sono i solitari, così ci sono gli analogici.

Curiosamente, quasi sempre i solitari sono digitali (cioè sono in grado di archiviare e catalogare in maniera superefficiente qualunque dato di qualunque allenamento), mentre gli analogici, i fedelissimi della carta e penna, alla fine sono quasi sempre più socievoli.

Ovviamente me lo sto dicendo da solo.

Nonostante l'età ma grazie al lavoro che faccio, non sono proprio un analfabeta tecnologico. Anzi, ho elaborato una teoria (di comodo...) per la quale se una qualunque novità riesce comprensibile a uno come me allora è probabile che avrà successo. Altrimenti è solo tempo perso.

Forse a dissudermi è la mancanza di confidenza con certi aggeggi, forse è il poco tempo a disposizione per impratichirmi, sta di fatto che dal punto di vista della documentazione è innegabile che io sia ancora decisamente uno all'antica.

Ma qui c'è bisogno di un passo indietro.

Il corridore, o runner, o podista, o maratoneta che dir si voglia, è tale sette giorni su sette, dodici mesi l'anno.

È una passione che quasi sempre è anche una presenza costante e parallela, una specie di quinta, di fondale o più semplicemente di profumo e di colonna sonora.

E il diario è il modo per darle corpo, forma e sostanza.

Soprattutto per renderla in qualche modo eterna e indimenticabile.

Una maratona non comincia con lo sparo della partenza ma molti mesi prima; con i lavori invernali, faticosi per il clima ma anche per la qualità, con le prime belle giornate e i ritmi più sostenuti, fino alla stagione agonistica vera e propria. Che molto spesso è fatta di tante gare, non solo di quella "regina".

Tutto questo andrebbe perduto "come lacrime nella pioggia", direbbe il personaggio di Rutger Hauer in *Blade Runner*, poetico come García Márquez, chissà quanto consapevolmente... se non ci fossero i diari del maratoneta.

Quelli digitali sono ovviamente fantastici, ci sono ormai decine di prodotti, programmi e applicazioni in grado di registrare le prestazioni e permettervi di scaricarle nel computer insieme alla cartina del percorso, l'altimetria e tutto quello di cui ci si può voler ricordare.

I runner digitali li riconoscete perché hanno sempre al polso sinistro un orologio che di norma è grande il doppio di uno normale, ma anche se non li aveste notati è impossibile non riconoscerli in corsa, coi loro beep a ogni chilometro e le polemiche sulle lunghezze dei percorsi, sempre o troppo lunghi o troppo corti.

Come se gli organizzatori, che di solito sono peggio di loro, non avessero perso le nottate per segnarli con la stessa cura...

Ho anch'io il mio orologio-computer-cardiofrequenzimetro-satellitare, ma lo tengo per le corse in posti nuovi e non misurati, per il resto uso il mio banale cronometro e il fedele quadernetto.

Che in realtà è un insieme di fogli che si sommano di mese in mese, sul quale da ormai dieci anni annoto tutte le mie uscite, i chilometri percorsi, i lavori svolti, il tempo impiegato.

Segno quando cambio le scarpe, il modello, tutto quello che ci sta in questi piccoli schedari sempre uguali fra loro.

Solo delle gare vere e proprie ho una memoria digitale.

Di tutte le corse più importanti mi piace riportare ogni volta tutti i passaggi, chilometro per chilometro.

Mi piace, correndo, andare con la mano destra a cercare il pulsante sul polso sinistro e il beep di conferma che mi arriva.

È un piacere sottile, a metà pomeriggio, dopo aver mangiato l'impossibile ed essermi addormentato sul divano, una volta ripresa conoscenza, ripercorrere tutta la gara, passo dopo passo.

Però poi anche questi appunti li stampo e li trasformo in un foglio di carta che posso tenere insieme al resto dei miei carteggi in un cassetto della camera da letto.

Mi rendo conto di sfiorare il ridicolo agli occhi dei non adepti, ma ho scoperto che rileggerli, sfogliarli, confrontarli la sera prima di addormentarmi è un fantastico antidoto contro lo stress.

È come se mi estraniassi da qualunque vero problema della quotidianità e mi proiettassi nella mente un film di cui sono il protagonista. Me ne sto lì, con due cuscini dietro la schiena e gli occhiali sulla punta del naso, a confrontare il momento con lo stesso periodo degli anni precedenti, a ipotizzare variazioni, a sottolineare piccole annotazioni.

Con mia moglie che ogni volta si domanda, sbuffando, se c'è al mondo qualcun altro che fa la stessa cosa.

Ce ne sono tanti, per fortuna o purtroppo.

XIII

Quarantamila persone non sono poi molte. Se ci pensate, sono quelle che tutte le domeniche riempiono uno stadio di calcio di seconda fascia. Per essere più precisi, quarantamila persone a San Siro o all'Olimpico di Roma sarebbero un pubblico da partita di basso livello, di quelle che si giocano nel freddo di gennaio.

Ma quarantamila persone da muovere praticamente in simultanea sono un numero enorme.

Tra le cinque e le otto del mattino devono essere prelevate e depositate a Staten Island, oltre i ponti, i tunnel e il mare aperto. Tutte unicamente con i mezzi dell'organizzazione, non c'è via di scampo.

Alle sei del mattino fa freddo ma sta già per sorgere il sole. Esco dall'albergo con la tuta sopra i pantaloncini e la maglietta, le mani affondate nelle tasche, di traverso il grande sacchetto trasparente dell'organizzazione da lasciare prima della corsa.

Dentro ci sono tutte le cose che serviranno e quelle che "potrebbero" servire. C'è la vaselina antibruciature e le tre o quattro confezioni di gel per la gara, c'è la crema riscaldante per le gambe e qualcosa di asciutto da mettermi addosso una volta arrivato a Central Park.

E c'è il vecchio piumino da indossare nell'attesa e buttare prima della gara.

Sono tre anni che lo porto, piegato, anzi strizzato in valigia, e poi finisco per riportarlo a casa perché sono riuscito a non usarlo.

Vediamo se quest'anno farà fino in fondo il suo dovere o se verrà nuovamente graziato.

Il mio bus è pronto e quasi pieno, ma siamo pienamente in tabella e la dolce Sandy ci concede di fare colazione nel Deli di fronte.

Tazzona di caffè americano e un paio di gigantesche fette di pane con la marmellata, i coreani dietro al bancone sono cordiali come sempre. Cioè zero. Ma chissenefrega. Ricambio la loro indifferenza e vado a cercarmi un posto vicino al finestrino. Ci vorrà quasi un'ora e mezzo per arrivare, faccio finta di essere un soldato in partenza per il fronte.

Com'è la regola?

Finché puoi, riposa. Non sai quando potrai farlo la prossima volta.

Di sicuro non prima dell'una.

XIV

Per correre una maratona ci vuole un fisico bestiale. È una delle credenze più diffuse, o almeno è ciò che chi corre ama far credere, con finta sufficienza, a chi non si sognerebbe mai di imitarlo.

Vista dal di fuori la maratona sembra veramente una sfida titanica, e senza dubbio lo è.

Il nostro corpo non è stato progettato per correre così a lungo. Senza scomodare il primo maratoneta della storia che, come vuole la leggenda (più che la storia), morì alla fine dell'impresa, è la scienza a dirci che fisicamente è impossibile stivare energia a sufficienza nei nostri muscoli, da qui il famoso "muro" dei trentacinque chilometri.

Ma basta provare a fare mente locale su quante sono le persone che ogni anno ne portano a termine almeno una per capire che non è esclusiva dei superuomini.

Solo in Italia, paese che non è certo all'avanguardia nella diffusione di questo sport, sono circa trentamila.

In realtà il fisico bestiale servirebbe anche, diciamo però che se non si fa parte del mondo dei professionisti ci si può tranquillamente accontentare di quello che passa madre natura. Basta parametrare le proprie ambizioni alle proprie possibilità.

Piuttosto, la vera difficoltà, tipica delle cose in teoria molto semplici, è districarsi nella giungla di consigli, filosofie, vecchie credenze e nuove tendenze.

Prima di correre l'ultima Maratona di Milano avevo seguito in maniera più che mai puntuale un programma d'allenamento basato su un ciclo di dodici settimane, che per uno che corre con regolarità è il periodo standard per preparare decorosamente una maratona.

Era un programma ibrido, nel senso che avevo mediato tra quelli che negli anni mi avevano preparato i miei innumerevoli amici-consulenti-preparatori (da quelli più blasonati e organizzati come Orlando Pizzolato o il dottor Gabriele Rosa, alla spietata ma efficace Maria Guida, passando per amici e vecchie volpi della corsa) e quello che avevo imparato sulla mia pelle.

Nonostante il freddo interminabile di un inverno senza precedenti, le dieci nevicate e i mille impegni della vita quotidiana, ero riuscito a seguire tutto in maniera abbastanza fedele, smarcando di volta in volta le caselle di questa specie di calendario dell'avvento agonistico.

Quasi tutte, perché a quindici giorni dalla maratona la somma di tutti i problemi mi ha praticamente costretto a fermarmi e a interrogarmi seriamente sul futuro.

Era successo, in maniera così semplice da renderlo inevitabile, che avevo sommato tutti gli errori che un principiante può fare fino a portare il mio fisico a un livello tale di stress che il solo pensiero di allenarmi mi faceva star male.

Correvo con delle scarpe che mi sembravano le più confortevoli ma che in realtà non erano le più adatte. All'interno avevo sostituito le solette originali con dei plantari fatti su misura, che per un po' mi avevano corretto un problema di postura ma nel frattempo me ne avevano creato un altro.

Avevo seguito in maniera rigorosa il programma d'allenamento senza ascoltare però i segnali che arrivavano dal mio corpo, e quindi caricando in momenti in cui avrei dovuto invece rallentare.

Per non parlare del poco stretching e della poca ginnastica.

O della tecnica di corsa.

Ogni singolo errore però, preso a sé, non sarebbe stato decisivo.

Quelle scarpe in realtà sono delle ottime scarpe. Ma non per me.

I plantari molto spesso sono fondamentali, ma avrei dovuto capire prima quando toglierli o rimpiazzarli.

Le tabelle erano perfette, ma avrei dovuto ogni tanto verificare se le mie condizioni mi permettevano di proseguirle o se non fosse il caso di fermarmi a scaricare...

Avevo sommato fatica a fatica, contrattura su contrattura, fino a trasformare la mia già penosa andatura in un trascinarmi obliquo e tormentato.

Avevo commesso insomma tutti gli errori tipici dell'amatore che, in quanto innamorato ma un po' sprovveduto, tende sempre a sbagliare per eccesso di generosità.

Quello che mi era mancato, alla fine, era un regista, un mediatore, un moderatore, almeno un fratello maggiore.

O, più semplicemente, il caro, vecchio buon senso.

Intorno alla corsa si muovono ortopedici, massaggiatori, fisioterapisti, chiropratici, osteopati, dietologi e mille altri professionisti dalle nuove definizioni.

Vanno tutti benissimo, il problema è capire quale scegliere e in quale occasione.

Curiosamente, l'unica parte del corpo a non darmi problemi è il ginocchio operato, ormai dieci anni fa, per la ricostruzione dei legamenti crociati. Che è poi il motivo per cui non ho più dato un calcio al pallone e per il quale ho cominciato a correre.

Alla fine, più che un fisico bestiale ci vorrebbe un cervello normale, un'attitudine verso la corsa o lo sport un po' più equilibrata e soprattutto meno compulsiva.

Ma si sa, gli amori, le passioni che ci colpiscono in età adulta ci colgono molto spesso impreparati. Vanno a riempire un vuoto motivazionale legato alle frustrazioni del lavoro, della famiglia, del tempo che passa, dell'immagine che lo specchio ci rimanda, e sono così totalizzanti da farci perdere il lume della ragione.

Detto fra noi, le uniche a esserne contente sono le nostre compagne di vita, che ufficialmente sbuffano e snobbano ma sotto sotto lo sanno che è meglio lasciarci perdere la testa per un paio di scarpe che per un paio di tacchi.

XV

Fort Wadsworth è un vecchio forte militare, edificato dagli olandesi nel Settecento e poi via via rafforzato dagli inglesi e dagli americani. Per tanti anni ha sorvegliato i Narrows, quella strettoia che dall'Oceano Atlantico permette alle navi di accedere all'isola di Manhattan e che da qualche decennio è sovrastata dal Ponte di Verrazzano. Dismesso da una ventina d'anni, ha una piccola guarnigione che ne gestisce la struttura, ormai diventata monumento nazionale. Un monumento che ogni prima domenica di novembre viene violentato, sommerso e invaso dai quarantamila della Maratona di New York.

È lì che vengono stipati, letteralmente, tutti i partecipanti alla corsa, un gigantesco pratone gelido e spoglio, tagliato a fette dalla distesa di bagni chimici e diviso in tre grandi aree abbinate ai colori del pettorale.

Il mio è azzurro, come quello di buona parte dei miei compagni di viaggio. Ma non di tutti.

Il colore distingue non solo il *corral*, il recinto, ma anche e soprattutto la *wave*, l'ondata di partenza. Per ragioni di sicurezza (dicono loro), o per riuscire a far partire più gente (dicono tutti) da un paio d'anni c'è questa cosa delle tre partenze scaglionate: la prima (la mia) alle nove e quaranta, la seconda alle dieci, la terza alle dieci e venti. Se non si hanno ambizioni di vittoria non fa molta differenza, se non per la cerimonia del via che nel secondo e terzo caso sa un po' di serie B.

Siamo arrivati al forte poco dopo le sette e mezzo, ognuno a modo suo è riuscito a rimanere riparato dal freddo, ad andare in bagno, a capire come si mette il nuovo, orribile chip alla scarpa, insomma a far passare il tempo. Che è la cosa più complicata.

Adesso però comincia a mancare solo un'ora alla partenza ed è tempo di muoverci.

Il piumino da buttare è rimasto anche stavolta nella sacca da riconsegnare, sono indeciso su come correre perché il freddo è pungente ma la giornata è luminosa e promette di diventare anche calda. Mi appunto il pettorale sulla maglietta con le maniche corte e decido di partire con quella a maniche lunghe sopra, quando avrò caldo l'abbandonerò al suo destino.

Guanti, fascetta, gel. C'è tutto.

Per andare dal forte al ponte bisogna passare il controllo di sicurezza che verifica l'appartenenza al giusto colore; di solito è un controllo molto blando ma quest'anno sono diventati più fiscali e il trucco di passare in gruppo non funzionerebbe. Siamo in una decina, e almeno fino al via ci piacerebbe stare insieme, così cominciamo a girare in cerca di uno spiraglio che non c'è.

Alla fine, tra il tempo che passa e l'adrenalina che sale, uno di noi decide di scavalcare la rete in un tratto seminascosto: prendere o lasciare, chi salta è già di là, chi esita probabilmente rimarrà da solo. In tre secondi saltiamo tutti. Mentre sto atterrando, mi sento chiamare in italiano da qualcuno, probabilmente un ascoltatore. Sono fiero della ragazzata, per la prima volta da quando sono qui mi è tornata la voglia di correre.

XVI

Tutto quello che ho scritto nelle pagine precedenti vale solo se siete dei cosiddetti normodotati, non per forza scarsi come me. Se invece siete nati a Eldoret, o in uno dei tanti altipiani africani, dimenticatelo. Sono stato in Kenia, a Eldoret appunto, alla fine di gennaio del 2007. Ogni anno in quel periodo si organizzano dei veri e propri trial per alimentare la popolarità della corsa tra una popolazione che già ne fa il proprio principale mezzo di locomozione, ma anche per individuare (ed eventualmente ingaggiare) i nuovi talenti locali.

La base, come saprete, è praticamente infinita.

Per darvi l'idea, se l'Italia nel suo momento migliore (non certo questo...) ha avuto quattro o cinque atleti cosiddetti d'élite, si calcola che in Kenia, per la sola maratona, ce ne siano costantemente circa quattrocento in grado di competere per la vittoria in quasi tutte le corse su strada del mondo.

Che la loro forza derivi (anche) da uno stile di vita a dir poco spartano lo capisco subito appena arrivato.

Il dottor Rosa, che è il nostro padrone di casa, nonché capocomitiva, una volta atterrati a Nairobi decide che almeno all'andata il viaggio debba essere fatto in macchina. I panorami sono splendidi e la strada non è troppa, circa trecento chilometri, diciamo un Milano-Firenze.

Peccato che le strade keniane siano solo in teoria asfaltate.

In realtà il manto è sparito da tempo, lasciando il posto a una distesa infinita di buche grandi e profonde come crateri che gli autisti di Matatu, gli onnipresenti furgoncini giapponesi, cercano di evitare standо costantemente sul bordo della strada, sfiorando gli impavidi pedoni o i ciclisti carichi di fascine di legno.

Per farla breve, ci impieghiamo un'intera giornata, durante la quale, a causa di un guasto a uno dei quattro vagoncini del nostro piccolo convoglio, troviamo anche il modo di accennare una piccola partitella di calcio in perfetto stile Salvatores con un gruppo di ragazzini a dir poco perplessi e, per fortuna nostra, digiuni di calcio e non solo.

Il giorno dopo è subito il momento delle gare. Il campo sportivo di Eldoret è gremito in ogni ordine di posto, ci sono le autorità locali in grande spolvero, c'è chiunque abbia anche solo un lontano parente coinvolto nell'evento. Quindi c'è tutta la città.

Le gare si succedono in ordine crescente di categoria, si parte con bambini di cinque-sei anni, vestiti in maniera abbastanza improbabile. L'unico accenno al fatto che correranno è il pettorale attaccato sghembo alla maglietta o al vestitino.

Per il resto, scarpe comprese, potrebbero essere diretti a scuola o a una cresima.

Fino ai ragazzini di tredici-quattordici anni in realtà le scarpe non le porta nessuno, ma la loro corsa non sembra risentirne, anzi.

Corrono come i loro fratelli che vediamo sfrecciare sulle nostre strade, il piede leggero a pizzicare l'erba, il tallone a un soffio dal colpire i glutei.

La corsa più bella è ovviamente quella degli juniores, i ragazzi fino a diciotto anni.

Qui quasi tutti indossano scarpe e abbigliamento tecnico ma, sopra ogni altra cosa, hanno lo sguardo di chi è consapevole di avere una chance forse irripetibile.

La parte più impressionante è la partenza: sono circa duecento, schierati su un'unica, larghissima linea, sembrano i guerrieri prima di una battaglia, un po' *Braveheart* e un po' *Il signore degli anelli*.

"Ma non è questo il giorno" gridava ai suoi l'eroe di Tolkien.

"E invece questo deve esserlo" è il pensiero di ognuno di loro.

Quando scattano, il terreno vibra come al passaggio di una mandria, al pari di un branco di bufali molti finiscono per cadere quando la strada si stringe, mentre gli altri proseguono e curvando ammucchiati uno contro l'altro quasi sradicano un piccolo albero al quale è fissata la fettuccia che delimita il percorso.

A qualche anno di distanza, mi capita spesso di pensare che tra tutte quelle giovani facce spiritate poteva esserci anche uno di quelli che adesso vediamo salire ogni volta sul podio di tutte le più importanti manifestazioni.

Finite le corse, verso sera, quando il sole comincia a essere un po' più sopportabile, tocca finalmente a noi indossare i nostri completini griffati e uscire per la prima corsetta.

Siamo in cinque, io, Aldo, i nostri amici Angelo e Michele e un certo Paul Tergat, che trotterella al nostro fianco ridendo e dispensando saluti ai contadini che accorrono dai campi per vederlo richiamati dal passaparola.

Notate che non ho detto tam tam, troppo facile.

Paul in Kenia è una celebrità paragonabile a Totti e Fiorello messi insieme, con in più il carisma tipico del predestinato.

Alto almeno un metro e ottantacinque, mentre la maggior parte dei maratoneti africani a stento raggiunge l'uno e settanta, quello che più ti colpisce è il nero assoluto dei suoi occhi, quasi ti guardasse da un'altra galassia.

È una strada vagamente pianeggiante, ma i 2200 metri di altezza e un po' di stordimento da viaggio si fanno sentire, anche se l'umiliazione finale ce la propina una bambina di circa otto anni che corre ridendo al nostro fianco per una decina di minuti, vestita con gonna, maglione di lana e grosse scarpe con la zeppa.

Ci lascia solo quando si rende conto di essersi allontanata troppo da casa e allora torna indietro, sempre correndo.

Il giorno dopo è il momento di Kapsait, 2800 metri di altezza, altre quattro ore infernali di macchina.

Lì c'è il famoso camp con la scritta DISCIPLINE AND HARDWORK FOR SUCCESS.

La fabbrica dei campioni.

Lì vivono e si allenano una quarantina di ragazzi e ragazze originari dei piccoli villaggi della zona, e se a noi sembra faticosa e alienante l'idea di vivere in un posto così isolato e senza altro da fare che correre tutto il giorno, basta guardare i loro coetanei nelle fattorie e nei campi tutto attorno per ridare alla cosa la giusta proporzione.

Spesso si paragona la corsa in Kenia al RAP o al basket dei ghetti delle grandi metropoli americane, ma non è solo questo.

Qui non si tratta di diventare ricchi e famosi, qui è semplice questione di sopravvivenza.

Dal camp ci spostiamo per una corsetta di gruppo, i soliti quattro italiani e una quindicina di loro. Anzi, ne conto esattamente diciassette mentre si infilano (tutti!) nello stesso pullmino.

Lì capisco quando mi dicono che la promiscuità è il loro problema più grande, con molte ragazze che smettono di correre perché rimangono incinte.

La corsa è di una decina di chilometri, neanche tanti, però il percorso continua a salire fino a quota 3000, il terreno argilloso fa sì che non ci siano due appoggi uguali e in più è tarda mattinata e il sole, pur se di gennaio, è sempre quello africano.

Comunque arrivo in cima, così distrutto da buttarmi sull'erba a riprendere fiato.

Peccato che sia una specie di ortica locale.

Ci laviamo in un secchio e mangiamo quello che mangiano loro.

Cioè pollo, riso e verdure. Che è poi quello che abbiamo mangiato la sera prima e che mangeremo praticamente per tutti e quattro i giorni.

Con buona pace degli aminoacidi.

L'ultima corsa è quella forse più scenografica, in un angolo di Kenia dal forte sapore coloniale.

Sono le cosiddette Nandi Hills, le colline del tè, casa di Martin Lel.

Come quella di quasi tutti gli atleti africani, anche la storia personale di questo fortissimo maratoneta, plurivincitore a Londra e New York, è abbastanza misteriosa. Secondo qualcuno prima di correre, cioè fino ai diciotto-vent'anni, faceva il rappresentante di abbigliamento, cosa probabile vista l'attenzione che ancora adesso mette nel vestire. Di sicuro è uno dei tanti che è arrivato all'"università della corsa" saltando di netto elementari, medie e superiori.

È uno dei panorami più belli della zona, con i raccoglitori delle piantagioni che lavorano praticamente immersi in questo oceano verde, tagliato come una cartina geografica da meridiani e paralleli di terra rossa.

È la terza corsa in tre giorni, cosa che già da sola sarebbe insolitamente pesante per me, in più le prime due non sono state esattamente delle passeggiate. Aggiungete altura, caldo e compagnia impegnativa, e l'aspettativa sarebbe quella di un tracollo. Invece mi sorprendo a sgambettare insolitamente agile, complice anche un terreno finalmente uniforme e scorrevole.

Non ci crederete ma questa sensazione di leggerezza mi ha accompagnato poi per più di un mese, una volta tornato a casa. Contro ogni logica, visto che è risaputo che l'altura ha bisogno di almeno quindici, venti giorni per cominciare a dare i suoi frutti.

E se il segreto non fosse tanto quello che il Kenia mi ha dato ma quello che, anche solo per pochi giorni, mi sono lasciato alle spalle?

XVII

Venti minuti alla partenza. Veniamo liberati come i tori di San Firmino e tutti insieme rotoliamo giù dalla collina, verso il ponte e le sue torri altissime. Calpestiamo un tappeto di vecchie felpe, i più frettolosi si spogliano, i più freddolosi rimangono coperti. C'è un ragazzo di fianco a me perfettamente vestito per correre ma con sopra una giacca gessata neanche troppo rovinata che è sufficiente a conferirgli un certo distacco altezzoso. Tra me e me mi faccio un viaggio mentale pensando che sia uno dei tanti personaggi famosi di cui si scopre la presenza solo leggendo il "New York Times" del giorno dopo. Di sicuro da qualche parte dovrebbero esserci Edward Norton, Matt Damon e Alanis Morissette, ma valli a trovare. Pochi metri, e il gruppone si ricompatta e a passo d'uomo ci muoviamo verso la linea di partenza, sulla corsia sinistra del Ponte di Verrazzano. È una struttura imponente, che porta benissimo i suoi quasi sessant'anni. Per tanti anni è stato il ponte a campata unica più lungo al mondo con i suoi tre chilometri abbondanti, poi sono arrivati i giapponesi.

Manhattan è una cartolina appena sotto la linea dell'orizzonte. Sulla sinistra, un po' più vicina, si intravede la Statua della Libertà.

Il nostro mondo adesso però è fatto di due ali di bus scoperti, gremiti di parenti, amici e giornalisti e soprattutto del ronzio degli elicotteri delle televisioni sopra le nostre teste.

A piccoli colpi di "sorry" riusciamo a guadagnare metri su metri, quando partono le note dell'inno americano siamo a meno di cinquanta passi dall'arco.

Solo in quel momento realizzo dove sono, cosa sto facendo, quello che mi aspetta. E soprattutto quanto sono fortunato.

Non è più tempo di lamentarsi, di dubbi e di pensieri negativi.

Sei fortunato, amico, mi ripeto. Sei fortunato a essere qui e a poter correre. Non ti lamentare, pensa a quelli che per tanti motivi non hanno potuto esserci. Pensa a quelli che non potranno venirci mai più.

Abbassa la testa, amico, e preparati a correre.

È un momento di grande emozione, un nodo mi stringe la gola, mi sento solissimo in mezzo a così tanta gente, eppure d'improvviso sono felice di essere lì, in quel posto e in quel frangente.

Ci diamo tutti la mano e ci auguriamo buona fortuna, faccio il respiro più profondo di tutta la mia vita e mi tuffo nell'oceano della maratona.

XVIII

Nelle nostre tre uscite lungo le strade del Kenia il percorso veniva segnato da una Jeep munita di GPS che ci precedeva di qualche minuto, scodellando un grosso cartello di compensato a ogni chilometro. Nonostante l'accorgimento di posarli praticamente all'ultimo istante, buona parte di questi sparivano nel momento stesso in cui il fuoristrada voltava l'angolo, rubati dai contadini che li usavano per scopi ben più nobili che accontentare l'illusione epica di qualche europeo benestante.

Tipo rinforzare le pareti di un pollaio o proteggere dalle intemperie qualunque tipo di ortaggio o specie animale.

È una piccola lezione che cerco sempre di tenere a mente: la precisione scientifica e maniacale, quanto inutile e sproporzionata di noi aspiranti atleti, confrontata all'approssimazione pragmatica di quei poverissimi contadini.

Ciò che per noi era importante dal punto di vista più estetico e simbolico, acquisiva con quel piccolo furto un valore pratico e concreto, decisamente assoluto.

Eppure, segnare i chilometri è uno degli aspetti più classici e rituali di chi corre. Addirittura c'è una specie di circolarità per la quale dopo tanti anni si tende a tornare al punto di partenza.

Si comincia col misurare a spanne, con il contachilometri della macchina, e si finisce per correre lasciando a casa orologi e qualunque altro strumento di navigazione. In mezzo, quasi sempre, c'è stato tutto il periodo della misurazione tramite scooter, contachilometri della bici da corsa, GPS da polso, fino alla leggendaria rotella metrica. Io, che quando si tratta di cose inutili non mi faccio mai mancare niente, ne ho comprata una diversi anni fa, tra l'ilarità generale.

Una di quelle che normalmente vengono usate dai geometri nei cantieri. Una specie di bastone da passeggio, dal bel colore arancione, con un'impugnatura che ricorda quella di una grossa pistola, collegato a una ruota gommata di circa venti centimetri di diametro, su cui è montato un vero e proprio contachilometri preciso al centimetro.

Viene usata, appunto, nei cantieri edili per misurare in maniera "catastale" scavi, recinzioni e perimetri vari. Insomma, tutto quello che deve essere preciso e incontestabile. Come le distanze per noi che corriamo.

Il problema è che, per evitare sobbalzi che le facciano perdere contatto col terreno, non esistono altri modi per misurare il percorso che camminare portandola per mano come un bellissimo cane da compagnia, simulando lo stesso passo orgoglioso anche se dentro vi sentite dei perfetti idioti.

La criticità maggiore è però legata al fatto che

con la rotella si misurano solitamente percorsi di diversi chilometri, quasi sempre decine, e la velocità "al passo" rende l'operazione praticamente interminabile.

Quando ho misurato il mio giro del Parco di Monza (sedici chilometri, anzi quindici e ottocento metri) ci siamo divisi i compiti in tre: a turno due stavano in bici per darsi un tono e il terzo camminava a passo svelto e testa bassa.

In posti come quello poi è inopportuno o quantomeno irrispettoso segnare il terreno o gli alberi con la bomboletta spray, così mi sono inventato di annotare su un blocco i riferimenti fisici: primo chilometro in coincidenza con l'inizio di un graffito, secondo al cancello della scuderia, terzo alla panchina sulla curva, quarto la pianta storta... fino all'albero che indicava il sesto e che a un certo punto è stato abbattuto o una buca che indicava il settimo, poi riempita e asfaltata.

Ma a quel punto il percorso era memorizzato.

Segnare, sempre con la rotella metrica, tutto il lungomare da Cattolica a Rimini (più di venti chilometri) è stato ancora più complicato.

Lo avevo già fatto in precedenza con la mia bici da corsa, attaccando degli adesivi "in codice" sui pali delle fermate dell'autobus o su qualunque superficie metallica nelle vicinanze, ma col tempo i segni si erano perduti e le mie paranoie moltiplicate.

Era difficile però trovare il coraggio di fare lo slalom fra i bagnanti con la mia faccia e quell'aggeggio, e quindi l'operazione si è svolta, dopo innumerevoli rinvii, in pieno inverno e in piena notte. L'umidità e la nebbia della riviera adriatica le ha raccontate bene Fellini in *Amarcord*, ma se le avete perse non potete neanche immaginarle.

Il freddo degli inverni romagnoli è lì a ricordare che l'Est è appena al di là del mare, con le correnti di aria siberiana libere di soffiare incontrastate per migliaia di chilometri.

Ci vollero due notti, tre ore di camminata di buon passo la prima, poco più di un paio la seconda, con la pianta dei piedi cotta per le indispensabili calze di lana.

Poi hanno rifatto il lungomare e non ho ancora avuto il cuore di sporcarlo.

Tutto questo può apparire ridicolo ed esagerato, e sicuramente lo è, ma se avete confidenza con la corsa provate a fare questo semplice ragionamento:

Tolleranza media dei contachilometri? Mediamente il 5 per cento. Che su un chilometro fanno 50 metri.

Correndo a 5 minuti al chilometro, 50 metri si percorrono in circa 15″.

Un runner convinto di andare a 5′ che legge 5′15″ sul proprio cronometro potrebbe anche suicidarsi.

Il GPS?

Poco meglio, come non vogliono capire quelli che li esibiscono orgogliosi.

La tecnologia GPS è figlia dell'esercito americano, e per comprensibili motivi di sicurezza le distanze hanno un'approssimazione di una decina di metri per chilometro.

Già meglio dello scooter o della bicicletta, ma vuoi mettere la mia bella rotella?

Quella che mi manca?

Scherzando ma non troppo, le distanze stanno a un maratoneta come le dimensioni di un pesce a un pescatore o un fondo pensione a un assicuratore: rappresentano i propri parametri vitali, i punti cardinali della propria esistenza, il metro di paragone con il resto dell'umanità.

Oddio, sto esagerando?

XIX

So che sto per dire una stupidaggine, ma una delle cose che mi piacciono del correre a New York è la distanza segnalata prevalentemente in miglia. Ci sono "anche" i chilometri, ogni cinque, ma la distanza è scandita da un cartello ogni 1609 metri. Totale ventisei e spiccioli. Psicologicamente, sempre meglio che quarantadue.

Il primo miglio è interminabile, proprio all'apice della curvatura del ponte, quando l'entusiasmo si è già trasformato in una smorfia per la partenza fredda e brutale.

Ho le gambe grosse, la muscolatura troppo compatta, e i primi chilometri di una maratona sono per me sempre una sofferenza.

Figurarsi questa, dove è impossibile scaldarsi per via della ressa alla partenza e dove subito la corsa è in salita, e non solo in senso metaforico.

Cerco di stare decontratto, di distrarmi guardandomi intorno; finalmente col secondo miglio in picchiata finisce anche l'interminabile ponte.

Da dieci che eravamo siamo rimasti in cinque, da Staten Island siamo sbarcati a Brooklyn. Le due carreggiate si fondono in un unico fiume circondate da bandiere e incitamenti in lingua ispanica.

Mi sento abbastanza bene, il cronometro dice che sono regolare, i miei soci invece mi dicono che devo prendermela calma.

È lì che capisco, finalmente, quello che da giorni stavo covando.

Perché non provare a farla da solo?

È il quinto miglio, anche i miei amici hanno capito e mi lasciano fare, da questo momento so che me la dovrò cavare da solo, ma so anche che sto per cominciare qualcosa di nuovo e questo mi eccita e mi galvanizza.

Decido di stare concentrato su me stesso, di non prestare troppa attenzione a ciò che mi succede intorno, di non sprecare energie nell'andare a cercare il "cinque" del pubblico.

Cerca di stare dritto, appoggia bene i piedi, rilassa le spalle, tieni su la testa, respira.

XX

Non sempre tutti i mali vengono per nuocere. Una formula che, una volta ribaltata, diventa: "Ogni situazione di difficoltà porta con sé anche una grande opportunità".

Le due complicazioni ambientali più importanti per un maratoneta, qualunque sia il suo livello, riguardano i terreni adatti ai cosiddetti lavori specifici, che sono fondamentalmente le ripetute in salita e gli inevitabili, terribili lunghi. Anzi, i "lunghi" e i "lunghissimi".

Per le prime ci si può arrangiare, anche perché non serve per forza il Mortirolo. Bastano poche centinaia di metri. Addirittura c'è chi si arrampica su e giù per i cavalcavia.

Più complicato è inventarsi un percorso che permetta di correre a lungo senza ripetere all'infinito lo stesso giro. Certo, poi ci sono le eccezioni, rappresentate dai cosiddetti "criceti", quelli che girano in tondo per ore lungo i vialetti del parco sotto casa, ma c'è qualcosa di profondamente insano e alienante in questo e non sarò certo io a spingervi in quella direzione.

Se davvero un allenamento faticoso come il lungo deve essere fatto (e purtroppo non c'è scampo) tanto vale contestualizzarlo e ricavarne un'esperienza piacevole.

Si può addirittura (solo in questo caso però!) fare uno strappo alla regola e trascurare i segni sui muri e sugli alberi o comunque misurazioni esageratamente precise.

Anzi, il lungo andrebbe sempre corso nella maniera più rilassata e decontratta possibile.

Più che in chilometri andrebbe misurato a tempo, anche se nello svegliarsi all'alba di una domenica mattina d'inverno non saprei quale prospettiva scegliere tra "due ore e mezzo" o "trenta chilometri".

Se possibile, però, usate l'accortezza di introdurre un piccolo trucco, sul genere di quello dell'orologio avanti di cinque minuti di cui facciamo sempre finta di dimenticarci: arrivate nel punto più lontano per poi essere obbligati a tornare a casa.

Si costringe la mente (e con essa le gambe) a non patteggiare con il nostro cervello (o con l'orologio di cui sopra).

Quando la strada che ti manca a completare un allenamento è anche quella che ti separa da casa, fermarsi o camminare diventa un'opzione trascurabile.

Dei lunghi non bisogna avere paura, se ci arrivate con la giusta progressione scoprirete anzi un risvolto curioso della nostra mente: la capacità del nostro corpo di "traguardarsi" in funzione di quello che il cervello gli comunica, accadrà.

O almeno, la mia testa e le mie gambe funzionano così.

Se esco per fare un'ora, potete scommetterci che al cinquantesimo minuto sarò un uomo distrutto.

Se il traguardo è tre volte più lontano, dopo un'ora sarò al mio massimo splendore.

Non che la testa da sola sia sufficiente, ma di sicuro ha un ruolo fondamentale.

Comunque, testa o non testa, i lunghi vanno fatti.

E i posti per farlo ci sono, basta scoprirli. O ri-scoprirli.

Quando ho cominciato a ragionare da maratoneta (che è un simpatico ossimoro, nessuna persona con il lume della ragione si ficcherebbe in un'avventura simile), il primo posto che ho battezzato per gli allenamenti prolungati è stato il Parco di Monza.

Per me rappresentava un ritorno alle origini, all'epoca delle mie prime avventure in bicicletta, quel genere di cose da pre-adolescente che allora ai nostri genitori faceva stringere il cuore più per la tenerezza che per la preoccupazione.

Ma che invece sarebbe impensabile per un tredicenne dei giorni nostri.

Come recita Wikipedia con il suo "perimetro di quattordici chilometri, il Parco di Monza è il quarto parco recintato più grande d'Europa, dopo la Mandria di Venaria Reale, il Richmond Park di Londra e il Phoenix Park di Dublino. Il maggiore tra quelli recintati da mura".

Il più bello, secondo me. Anche perché non ho mai visto gli altri.

L'epoca e lo stile, come per molte bellezze del Nord Italia, sono quelli dell'Ottocento napoleonico, anche se la Villa Reale e i suoi laghetti coi cigni tendenzialmente non rientrano nei percorsi dei runner.

Ci si può correre per ore senza ripetere lo stesso percorso, sfiorando le curve di Lesmo dell'Autodromo o il curatissimo green del campo da golf, o le meno profumate sponde di quello che rimane del fiume Lambro. D'inverno è comunque tenuto in maniera certosina e d'estate ha l'enorme vantaggio di essere quasi totalmente in ombra.

L'unico accorgimento da usare è quello di andarci al mattino, specie nei fine settimana, prima insomma che arrivi l'invasione delle famigliole con biciclettine, rollerblade e telefonini. E portarsi due euro e dieci centesimi per il parcheggio. Che è la tariffa più folle del mondo ma è il suo bello.

Quando i lunghi diventano però "lunghissimi" il mio posto è la ciclabile dell'Adda, di cui, a differenza del Parco di Monza, fino a pochi anni fa non conoscevo nemmeno l'esistenza.

E probabilmente (per fortuna, aggiungerei) non ero il solo, almeno a giudicare da come è sempre poco frequentata.

È un luogo curioso, insospettabilmente fuori dal tempo, come una lunga e profondissima trincea verticale, riparata dal resto del mondo da altissime pareti di alberi.

Sopra scorre il traffico caotico della Brianza, l'autostrada per Bergamo, le nuove superstrade, l'altissimo ponte della ferrovia e tutto il corollario di fabbrichette, concessionarie, villette a schiera e centri commerciali.

Sotto, lungo questa gola medievale, così improbabile per la sua vicinanza alla presunta civiltà da sembrare il set di *Un tranquillo weekend di paura*, scorre il fiume.

Sopra, ragazzi con lo scooter e pendolari col furgone; sotto, il silenzio e il rumore dei passi.

Il fiume scorre e sul suo argine la gente corre.

O pedala.

Con ogni tempo, nel senso del clima.

Che qui, come nei nostri incubi, è sempre esagerato come nei racconti dei cavalieri.

D'inverno non fa freddo, è una landa ghiacciata, quasi pietrificata, degna di *Excalibur*.

D'estate il caldo fa diventare l'aria immobile, di una strana densità luminosa.

Non ho idea di quanto sia effettivamente lungo, forse una quarantina di chilometri, di sicuro il "mio" tratto parte dalla vecchia centrale elettrica di Trezzo, dal ponticello a lato dei Canottieri e risale controcorrente fino a Brivio, passando per tutta una serie costruzioni che ricordano la presenza di Leonardo. Dal traghetto tirato dalle funi diagonali di Imbersago alle chiuse, passando per un minuscolo museo, in verità quasi sempre chiuso.

È un percorso impegnativo per correre ma anche gratificante, vi chiede tanto ma vi dà tantissimo.

Partendo in direzione nord, impercettibilmente quanto inevitabilmente si tende a salire, ma in cambio c'è la certezza che quando sarete stanchi potrete farvi portare dalla discesa.

E a quel punto, dopo tanta bellezza ma anche tanta fatica, il posteriore della vostra macchina che si intravede in lontananza non vi sarà mai sembrato così bello...

XXI

C'è una coppia di francesi che mi precede di pochi metri da almeno un'ora. Marito e moglie, forse sono soltanto fidanzati, o magari niente di tutto questo. Hanno la stessa maglietta rossa e lo stesso passo, che è poi anche il mio. Ci perdiamo a ogni miglio per il rifornimento e ci ritroviamo subito dopo. Lei ha i capelli biondi raccolti in una lunga coda, sembra quasi più a suo agio di lui, ma le donne che corrono danno sempre questa sensazione di leggerezza.

Il nostro triangolo virtuale si scioglie subito dopo il traguardo della mezza maratona, nella confusione di quel lungo cavalcavia del Pulansky Bridge.

Sto andando bene, forse troppo, visto che proprio sul ponte mi superano quelli col palloncino delle tre ore e quindici. Per un po' li tengo a tiro di sguardo, anche abbastanza facilmente, poi decido che non devo farmi corrompere.

Ogni tanto mi affianca qualche altro randagio con la canottiera italiana, sorpreso di trovarmi da solo. Ci facciamo coraggio a vicenda e poi ognuno per la sua strada. Che è la stessa, ovviamente. A renderla differente è solo il nostro navigatore interno.

Dopo tanti anni ho la fortuna di conoscere il percorso ormai quasi a memoria, in più il giochino delle miglia al posto dei chilometri funziona.

Mi sono imposto di stare sempre un filo sotto gli 8′ al miglio, che è un filo sotto i 5′ al chilometro, e ci riesco abbastanza facilmente. Mi aiuta anche il continuo alternarsi di saliscendi che impedisce alle gambe di irrigidirsi in un'unica posizione.

Alla fine della seconda ora di corsa ho ancora addosso la maglia con le maniche lunghe che pensavo di buttare via dopo pochi chilometri. L'aria è ancora abbastanza fresca, posso aspettare.

Passo il Queensboro Bridge quasi senza accorgermene, due tornanti secchi e sono sulla Prima Strada. È il momento della verità. La strada è larga sei corsie e lunga quasi sette chilometri, i primi tre o quattro contornati da una folla da stadio. Mi metto sulla linea di mezzeria e guardo avanti.

Un miglio alla volta.

17. 18. 19. 20.

I tempi sono leggermente saliti, ma non ho record da battere o primati da stabilire. Voglio solo arrivare in fondo bene, da solo, io e le mie gambe.

Ad Harlem mi concedo una pausa e al rifornimento cammino per cento metri. Bevo con calma un bicchierone d'acqua e butto giù l'ultimo gel.

Due miglia ancora e sono sulla Quinta Strada, che nella parte iniziale è ben diversa da quella delle buotique e dei megastore. Al posto della band c'è un gruppo ragazzi di colore che mettono i dischi, sento Alicia Keys gridare il nome di

New York e per la prima volta capisco che nella canzone Jay Z dice *"I'm the new Frank Sinatra"*.

Vorrei condividere la scoperta con qualcuno ma mi faccio bastare il ritrovato buonumore. Un tedesco mi chiede quanto manca al parco, gli dico "poco, dieci minuti", una risposta idiota per uno che corre. Poche centinaia di metri e mi libero della maglia che mi ha protetto dal freddo fino a quel momento, sotto quella con il pettorale, altrimenti niente foto. L'appoggio per terra con riconoscenza, un attimo dopo sono a Central Park, tre miglia all'arrivo.Al rifornimento me la prendo ancora comoda, tanto trenta secondi in più non mi cambiano la vita.

Faccio bene, perché quando riparto mi accorgo di riuscire a recuperare quelli che avevo di fianco poco prima. La strada è un lungo serpente pieno di saliscendi, la gente alle transenne è tanta. Io cerco di disegnare delle traiettorie le più dritte possibile, ogni passo in meno è un passo guadagnato.

Il grande pallone della Continental Airlines è il segnale che manca un solo miglio, milleseicento cazzutissimi passi.

One more mile, man! Every man can run for a mile!

Usciamo dal parco davanti al Plaza e al cubo della Apple, poi gli ottocento metri durissimi della 59ª e quindi di nuovo nel parco per gli ultimi quattrocento. Al cartello delle ultime 200 yards faccio ancora venti metri camminando, sotto gli occhi perplessi della gente che fa il tifo. So quello che faccio, tranquilli. Sciolgo le spalle, respiro a fondo, e riparto per la salita che nasconde il traguardo. Grazie alla piccola pausa supero tutti quelli che ho davanti. Dietro il dosso, so che il paradiso mi sta aspettando con le braccia spalancate e accelero con tutta l'energia che mi è rimasta. Mi fermo un metro dopo la linea, tra le braccia dell'anziana volontaria che accoglie tutti al grido di "*Good job!*". Ho corso l'ultimo miglio in 8'01", la maratona in 3 ore, 34'30". Da solo, io e le mie gambe.

Good job.

XXII

Se un giorno vi capiterà di correre la Maratona di New York, cosa che sicuramente vi entusiasmerà ma che non è assolutamente obbligatoria per sentirvi un vero runner (anzi), è probabile che uno dei ricordi che vi porterete a casa è questa abitudine romantica, quasi infantile, che hanno gli americani di "dedicare" la propria fatica a qualcosa o a qualcuno.

Se il qualcosa è una raccolta fondi troverete sulla schiena il nome dell'associazione destinataria, il meccanismo delle cosiddette *charity* è ormai collaudatissimo e frutta somme impensabili. Nel 2003 Puff Daddy raccolse qualcosa come quattro milioni di dollari, ma quello probabilmente era un caso limite; normalmente le somme sono meno eclatanti ma tutte insieme fanno sempre impressione.

Ho corso la prima volta nel 2002, e ovviamente il ricordo dell'attentato alle Torri Gemelle era ancora vivissimo, per cui erano centinaia i colleghi, parenti o semplici cittadini che rendevano omaggio ai valorosi pompieri di New York, alcuni con nomi e cognomi scritti col pennarello sulla maglietta, altri più in generale semplicemente "dedicati" alla categoria.

Il ricordo più bello che ho è però quello di una coppia che mi ha corso davanti durante un tratto della prima parte di gara, in particolare quel lungo rettilineo che attraversa tutta Brooklyn. Tutti e due molto alti, dalla fisionomia e corporatura identiche. Quello più giovane ovviamente più asciutto, l'altro sicuramente più esperto e a proprio agio.

Sulla schiena del padre, a caratteri cubitali, era stampato TODAY 50, su quella del figlio TODAY 20.

Non so se sono arrivati in fondo, tantomeno in che condizioni. Lungo il percorso a un certo punto inevitabilmente ci siamo persi, e nonostante abbia tentato di mandare a memoria il loro numero di pettorale, al momento di verificare era stato cancellato da mille altre emozioni.

Però mi capita spesso di pensarci, di provare a immaginare se un giorno potrò fare lo stesso con i miei figli, ma il futuro è un'incognita troppo imprevedibile per tentare di costruirselo.

Mi accontento del piacere che mi dà, di quando in quando, correre in loro compagnia.

E di come sono fortunato a poterlo fare, di quanto in questo siamo diversi dalle generazioni che ci hanno preceduto.

Almeno in questo.

«Parli sempre di corsa»
di Linus
Oscar bestsellers
Arnoldo Mondadori Editore

Questo volume è stato stampato
presso Mondadori Printing S.p.A.
Stabilimento NSM - Cles (TN)
Stampato in Italia - Printed in Italy